"十四五"职业教育国家规划教材

市场营销实务

第2版

● 主编 杜婷玉

SHICHANG YINGXIAO SHIWU

中国 · 成都

图书在版编目(CIP)数据

市场营销实务/杜婷玉主编.—2 版.—成都:西南财经大学出版社,
2022.4(2024.8 重印)
ISBN 978-7-5504-5339-5

Ⅰ.①市…　Ⅱ.①杜…　Ⅲ.①市场营销学—中等专业学校—教材
Ⅳ.①F713.50

中国版本图书馆 CIP 数据核字(2022)第 068309 号

市场营销实务(第 2 版)

主编　杜婷玉

策划编辑:赵亚飞
责任编辑:李特军
责任校对:陈何真璐
封面设计:黄燕美
责任印制:朱曼丽

出版发行	西南财经大学出版社(四川省成都市光华村街 55 号)
网　　址	http://cbs.swufe.edu.cn
电子邮件	bookcj@swufe.edu.cn
邮政编码	610074
电　　话	028-87353785
印　　刷	三河市众誉天成印务有限公司
成品尺寸	185 mm×260 mm
印　　张	13
字　　数	217 千字
版　　次	2022 年 4 月第 2 版
印　　次	2024 年 8 月第 3 次印刷
书　　号	ISBN 978-7-5504-5339-5
定　　价	36.00 元

第2版前言

PREFACE

习近平总书记在党的二十大报告中指出:“统筹职业教育、高等教育、继续教育协同创新,推进职普融通、产教融合、科教融汇,优化职业教育类型定位。”职业教育是培养高素质技术技能型人才的基础性教育,是促进经济社会发展和提高国家竞争力的重要支撑。

2019 年 1 月 24 日,国务院印发了《国家职业教育改革实施方案》(以下简称《方案》)。该《方案》以习近平新时代中国特色社会主义思想为指导,认真贯彻落实党的十九大精神,按照习近平总书记关于教育的重要论述和全国教育大会精神的要求,提出了一系列新目标、新论断、新要求,是办好新时代职业教育的顶层设计和施工蓝图。

《市场营销实务》自 2018 年出版以来,受到了广大师生的一致好评,并且被评为“十三五”职业教育国家规划教材。在经济高速发展的当下,市场营销的优劣在很大程度上影响着一家企业的盈亏。因此,编者重新梳理了《市场营销实务》的内容,聚焦二十大职业教育改革趋向,紧扣社会和经济发展的新形势,并结合近些年市场营销方面的新发展对其进行了修订。

本书经修订后主要体现如下特色:

(1) 德育渗透,德技并修。课程思政是以构建全员全课程全方位育人格局的形式将各类课程与思想政治理论课同向同行,把立德树人作为教育的根本任务的一种综合教育理念。本书将【思政材料】以二维码的形式体现,并在项目下设置了【素质目标】模块,旨在培养学生的爱国主义情怀，使学生在学习中坚持实事求是的态度，掌握循序渐进的学习方法，帮助学生树立正确的世界观、人生观和价值观。

(2) 设置了【核心职业能力训练】模块。职业教育要从职业院校的属性出发，坚持实现技能培训这一目标。本书在项目中新增了【核心职业能力训练】模块，按照营销职业岗位的实际需求选材，有利于强化学生的核心职业能力。

本书由新疆工业经济学校杜婷玉任主编，曾走访了多家企业调研，了解市场营销相关岗位的岗位职责与技能要求，为再版时知识的筛选提供了有力支撑。

本书各项目的学时分配建议如下表所示。

教学内容	理论学时	实践学时
项目一　走进市场营销	2	2
项目二　分析市场营销环境	3	2
项目三　分析消费者购买行为	4	3
项目四　市场调查与预测	4	2
项目五　细分和选择目标市场	4	2
项目六　制定产品策略	4	2
项目七　制定价格	5	3
项目八　遴选分销渠道	4	2
项目九　制定促销策略	4	2
总学时(54)	34	20

由于编者水平有限，本书难免存在不足之处，敬请广大读者批评指正。

编　者

第1版前言

PREFACE

市场营销贯穿于企业生产经营活动的全过程。市场营销工作关乎企业的生存和发展。市场营销人员是各企业，特别是大型企业不可缺少的人才，但由于中等职业学校对该专业人才的培养一直滞后，所以毕业生供不应求。为此，我们组织了一批专家、学者和市场营销一线从业人员编写了本书。

本书以项目引导、任务驱动的模式组织内容，以《中等职业学校专业教学标准（试行）》为依据，按照营销职业岗位的工作流程，将内容整合成走进市场营销、分析市场营销环境、分析消费者购买行为、市场调查与预测、细分和选择目标市场、制定产品策略、制定价格、遴选分销渠道、制定促销组合九个项目，每个项目下又根据实际工作需要设置了若干工作任务，并列出完成工作任务的操作步骤，从而使学生在学习本门课程时能够得到方法与操作流程上的指导。

本书的特色如下：

（1）内容新颖。本书以《中等职业学校专业教学标准（试行）》为依据，内容体现产教融合，并依据职业标准和企业的用人需求，反映市场营销领域的新动态、新方法。

（2）趣味性强。本书的每个项目都有引导案例，这不但大大增强了营销理论的趣味性和可读性，而且无疑能够启迪和拓展学生乃至营销工作者的营销思维。

（3）创新编写模式。本书在编写过程中秉持基础知识与实务并重的原则，介绍了从事市场营销工作的一般过程，力争实现教与学、学与练、课前与课后、课上与课下、校内与校外五种训练相结合。

本书由新疆工业经济学校杜婷玉任主编。由于编者的水平和经验有限，本书难免存在不足之处，敬请广大读者批评指正。

编　者

目录

CONTENTS

项目一　走进市场营销

学习目标

了解市场和有效市场的构成；

了解市场营销管理的步骤。

能力目标

能够识别不同企业的市场营销观念。

素质目标

对比各种营销观念，了解与时俱进的历史唯物主义价值观，树立正确的营销观念，用发展变化的眼光看待营销工作和其他事物，培养营销从业人员的职业道德素养，处理好市场、顾客和社会三者的利益关系。

引导案例

小米手机的市场营销

小米手机自诞生之日起就号称世界首款搭配双核高性价比的国产智能手机。高性价比的价格、双核、4.0英寸(1英寸≈2.54厘米)宸鸿科技(厦门)有限公司(TPK)夏普触摸屏，这些为发烧友而生的概念深植人心。小米手机未上市时就利用操作系统的优势拉拢用户群体，带动产品的曝光度和受关注度，树立起平价而又高性能的亲民形象，营造口碑进行营销。俗话说，物以稀为贵，小米公司通过各类限量和限时策略将饥饿营销的模式发挥得淋漓尽致，充分吸引了消费者的注意力，激发了消费者的购买欲望，从而实现了产品从厂商到消费者的快速转移，节约了成本。小米手机的预订量从最初的50万台到了后来的500万台甚至1 000万台。虽然实际的预订量人们无法确定，但是小米想要的效果已然达到：小米手机就是火，就是招人喜欢。

当然，小米手机后续的一系列营销策略也是功不可没的，尤其是一次转发量近10万，评论量近5万的“小米手机不缺货，缺人”的广告宣传令人印象深刻。而小米手机如此成功，也不全是网络营销的功劳，其产品以及产品背后团队的励志故事才是“米粉”们追随的动力。如果没有营销团队在营销技巧上取得的成功，小米可能也就是浩瀚的国产手机大军中的平凡一员。

市场营销贯穿企业经营活动的全过程，无论是买方还是卖方，只要是与经营有关的活动就都与营销有关。营销的成功与否与企业的生存利益好坏息息相关。

任务一　认识市场与市场营销

一、认识市场

市场是社会分工和商品生产的产物，是以商品交换为内容的经济联系形式，属于商品经济的范畴，随着社会分工和商品经济的发展而不断发展。在不同的时期和不同的学科体系内，关于市场的概念表述各有侧重。“现代营销学之父”菲利普·科特勒(Philip Kotler)认为：“市场由那些具有特定需求或欲望，而且愿意并能够通过交换来满足这种需求或欲望的全部潜在顾客所组成。”

案例
盲盒之热

一个有效的市场是有现实需求的市场，应具备人口、购买力和购买欲望三个基本要素，如图 1-1 所示。

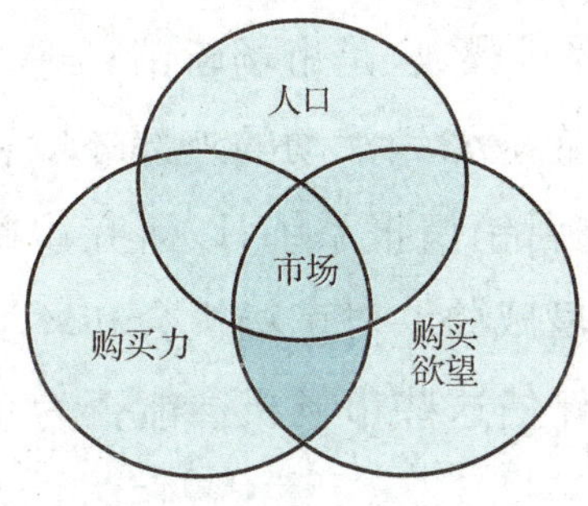

图 1-1　有效市场的构成

市场与其构成要素可用简单的公式概括为

市场＝人口＋购买力＋购买欲望

思政材料
第七次全国人口普查公报解读

其中，人口是构成市场的基本要素。哪里有人、有消费者，哪里就有市场。一个国家的人口数量、人口素质、人口结构和人口分布都是影响市场的基本因素。购买力是在一定时期内用于购买商品的货币总额，反映了在一段时期内全社会的市场容量。购买力的高低由购买者的收入多少决定。购买欲望是使消费者做出购买某种商品决策的内在驱动力、愿望和要求，是引起购买行为的原因，也是引起购买行为的前提。一般而言，人们的收入越多，购买力越强，市场和市场需求就越大；反之，市场和市场需求就越小。

二、市场营销

(一) 市场营销的定义

市场营销是指个人和群体通过创造并同他人交换产品和价值以满足双方需求和欲望的一种社会和管理过程。根据此定义，我们可将市场营销的概念具体归纳为以下三点：

微课
市场营销的力量

(1) 市场营销的最终目标是满足需求和欲望。

(2) 交换是市场营销的核心。交换过程是一个主动、积极寻找机会，满足双方需求和欲望的社会过程和管理过程。

(3) 交换过程能否顺利进行，取决于营销者创造的产品和价值能否满足顾客需求的程序和交换过程管理的水平。

(二) 市场营销管理

市场营销管理又称营销管理，是指为了实现企业或组织目标，建立和保持与目标市场之间互利的交换关系而对设计项目进行的分析、规划、实施和控制。营销管理的实质是需求管理，即对需求的水平、时间和性质进行有效的调解。

市场营销管理主要包括以下四个步骤。

1. 分析市场机会和环境威胁

市场机会是指未被满足或未被完全满足的需求。寻找、分析和评价市场机会，避开和减少环境威胁是市场营销管理过程的首要步骤，也是市场营销管理人员的主要任务。市场机会和环境威胁都是在对影响企业营销活动的外部环境和内部环境的分析的基础上发现的，所以，企业应建立营销情报系统，以研究这些因素的发展趋势或规律，并从中找出市场机会和环境威胁。对市场机会和环境威胁进行有效分析以后，市场营销管理人员还必须评估这些市场机会能否为企业带来良好的市场收益。

2. 研究和选择目标市场

研究和选择目标市场是指进一步确定有利于企业发展的市场范围，也就是进行市场细分，从中找到企业的目标市场。这一步骤包括市场细分、选择目标市场和市场定位三项内容。

3. 确定市场营销组合策略

目标市场一经选定，企业就必须对企业的各种可以控制的变量（如 4P）进行设计，确定市场营销组合策略，以达到营销战略规划的目标。具体的市场营销组合策略如下：

(1) 产品策略。营销组合中的产品策略是指企业对生产什么产品进行决策，包括新产品开发决策、产品组合决策、产品生命周期阶段决策、品牌决策、包装决策等。

(2) 价格策略。营销组合中的价格策略是指企业确定顾客购买产品或服务的价格，包括新产品定价决策、一般价格决策、价格调整决策等。

(3) 渠道策略。营销组合中的渠道策略是指企业为使其产品进入和到达目标市场所进行的路径选择活动与管理过程，包括渠道模式决策、经销商选择决策、渠道管理决策、实体分销决策等。

(4) 促销策略。营销组合中的促销策略是指企业利用各种信息载体，为宣传介绍其产品的优点并说服顾客来购买其产品所进行的各种活动，包括人员推销决策、广告决策、营业推广决策、公共关系决策等。

4. 管理市场营销活动

市场营销管理过程的最后步骤是对营销活动的具体管理，包括市场营销计划的组织、实施和控制。

(1) 市场营销计划的组织。企业既要制定能够决定企业发展方向和目标的长期战略规划，又要编制具体的市场营销计划，即针对具体业务制定营销目标及为实现这一目标所应采取的策略、措施和步骤的明确规定与详细说明。

(2) 市场营销计划的实施。这一内容是指市场营销计划中的所有任务都必须落实到具体的人上，企业要指派专人负责在规定的时间内完成各项计划任务。企业为了确保营销计划的实施效果，还要注意两项内容，即获得高层管理者的大力支持和全员的参与。

(3) 市场营销计划的控制。市场营销计划在执行中往往会出现一些偏差，因此市场营销计划的控制工作必不可少。市场营销管理者要经常检查市场营销计划的执行情况，确认计划与实际是否一致，如果不一致或者没有完成计划，就要找出原因并采取适当的措施和正确的行动，以保证市场营销计划的完成，这就是市场营销计划控制。企业市场营销计划控制的主要内容有年度计划控制、盈利能力控制、效率控制和战略控制。

任务二　理解市场营销观念

营销观念是企业从事营销活动的基本指导思想，贯穿营销活动的全过程，是企业如何看待消费者和社会的利益，即如何处理企业、消费者和社会三者之间利益关系的哲学。营销观念的演变过程既是社会生产力及营销环境发展的过程，又是企业领导者对市场营销发展客观规律认识深化的过程。

自市场营销观念产生至今主要经历了两大阶段，即传统营销观念阶段和现代营销观念阶段。

案例
秋衣冬收，电商预售时间为何越来越长

一、传统营销观念

（一）生产观念

20 世纪 20 年代以前，在资本主义工业化初期，以及第一次世界大战末期和战后一段时期内，由于物资短缺，市场产品供不应求，形成卖方市场。企业经营管理者不从消费者需求出发，而是从企业生产出发，致力于提高生产效率和分销效率，扩大生产，降低成本以扩大市场，这样就形成了生产观念。生产观念认为，消费者喜欢那些可以随处买得到而且价格低廉的产品，而对消费者的其他需求就不用考虑。其特征可概括为“企业生产什么，消费者就买什么”，即以产定销。很显然，生产观念是一种重生产、轻市场营销的观念。

生产观念得以成功的条件主要有两个：一是产品供不应求，市场呈现卖方占主导地位的态势；二是某种产品的市场前景良好，但生产成本很高，必须通过提高生产率和降低成本来扩大市场。

（二）产品观念

随着产品供应的增加，供不应求的市场现象在西方社会得到了缓和，产品观念应运而生。产品观念认为，消费者最喜欢高质量、多功能和具有某种特色的产品，因此企业应致力于生产高价值产品，并不断加以改进。企业在研发新产品时，最容易滋生产品导向。此时企业最容易患上“市场营销近视症”，即不适当地把注意力放在产品上，而不是放在市场需要上，在市场营销管理中缺乏远见，只看到自己的产品质量好，而看不到市场需求在变化，致使企业经营陷入困境。

（三）推销观念

推销观念是指以产品的生产和销售为中心，以激励销售、促进购买为重点的营销观念。该观念认为，如果听任消费者自然购买，他们通常就会表现出一种购买惰性或抗衡心理，不会足量购买某一企业的产品。推销观念强调“我们推销什么，人们就购买什么”。以推销观念指导营销管理活动的企业被称为推销导向型企业，即企业通过积极推销和大力促销，刺激消费者大量购买本企业的产品。

微课

营销与推销

二、现代营销观念

（一）现代市场营销观念

市场营销观念又称以消费者为中心的观念。市场营销观念产生于20世纪50年代中期。第二次世界大战以后，欧美各国的军工工业很快地转向民用工业，工业品和消费品生产的总量剧增，造成了生产相对过剩的局面，导致了市场上的激烈竞争，从而形成买方市场。在这一竞争过程中，许多企业开始认识到传统的销售观念已不再适应市场的发展，它们开始注意消费者的需求和欲望，并研究其购买行为。这一观念的转变是市场营销理论上一次重大的突破。企业开始从以生产者为重心转向以消费者为重心，从此结束了以产定销的局面。只有以市场营销观念为指导才能适应世界经济形势的发展与变化。

市场营销观念认为，实现企业诸多目标的关键在于正确确定目标市场的需求和欲望，并且比竞争对手更有效、更有利地传送目标市场所期望的产品或服务，进而比竞争者更有效地满足目标市场的需求和欲望。

（二）客户观念

客户观念是指企业注重收集每位客户以往的交易信息、人口统计信息、心理活动信息、媒体习惯信息及分销偏好信息等，据此分析和确认不同客户的终身价值。企业针对不同的客户提供不同的产品或服务，传播不同的信息；通过提高客户忠诚度，增加每位客户的购买量，确保企业的利润增长。客户观念同传统的营销观念不同。传统的营销观念强调的是满足每个子市场的需求，而客户观念则强调满足每位客户的特殊需求。客户观念的核心思想是将企业的客户（包括最终客户、分销商和合作伙伴）作为最重要的企业资源，通过完善的客户服务和深入的客户分析来满足客户的需求，保证实现客户的终身价值。客户观念是对传统营销观念的一种更新，是一种新的经营管理哲学。

“三洋”冰箱和“美菱”冰箱

日本三洋公司的电冰箱曾经一度滞销。开发部部长为探究其原因，召集了几十名家庭主妇到公司，征求她们的意见。有一位主妇说：“现在的冰箱都是单门的，每次打开冰箱取食物时，冰箱冷气都大量往外跑，很可惜。要是能够将冰箱的外门制造成上下两半，取东西时只需打开所需的那一半，就一定能够节省好多冷气，大家肯定很欢迎。”部长根据这一条意见立即组织人员进行研究、设计。没隔多久，三洋双门冰箱便问世了，成为饮誉全球的新产品。

无独有偶。有一次，安徽美菱股份有限公司总经理到北京出差，在一家商场看见一位小伙子摸着“美菱”冰箱自言自语道：“这冰箱好倒是好，就是冷冻室太小了。”总经理听到此话如获至宝，回公司后马上组织力量攻关，很快开发推出了181型大冷冻室冰箱，投放市场后果然热销。

（三）社会市场营销观念

社会市场营销观念认为企业的任务是确定各个目标市场的需要、欲望和利益，并以保护或提高消费者和社会福利的方式，比竞争者更有效、更有利地向目标市场提供能够满足其需要、欲望和利益的产品。社会市场营销观念要求市场营销者在制定市场营销政策时统筹兼顾三方面的利益，即企业利润、消费者利益和社会利益。

三、营销观念的新发展

（一）全方位营销观念

21世纪营销环境的发展与变化促使企业采取更加整体化和更具一致性的营销策略。为此，菲利普·科特勒等在《营销管理》中提出了全方位营销观念。全方位营销观念认为企业营销活动应该综合运用内部营销、整合营销、关系营销和绩效营销的手段与方法，全方位地为顾客服务。

（二）全球营销观念

全球营销观念是营销观念的最新发展，是指企业在全球市场上进行营销活动的一种崭新的营销思想。这种理念强调营销效益的国际比较，即按照最优化的原则，把不同国家中的企业组织起来，以最低的成本、最优化的营销去满足全球市场的需要。全球营销观念在某种程度上完全突破了本国企业与外国企业、本国市场与外国市场的界限，把整个世界作为一个经济单位来处理，把具有相似需求的潜在购买者群体归入一个全球细分市场，只要成本低、文化方面可行，就可以制订谋求标准化的营销计划。

微实训

各产品如何进行营销

核心职业能力训练

一、实训目标

1. 了解市场营销学科的发展历程与市场营销在中国的现状。
2. 明确市场营销人员的职责与任务。

二、实训设计

1. 教师引入一个案例，分析该案例并引出本次实训的学习内容与学习任务。

2. 教师引导学生对案例进行讨论和分析，明确学习和工作目标与要求。

3. 班级分成 4～6 个小组，每个小组 8 人，学生分组讨论确定市场营销的核心理念与核心价值。

4. 学生分组讨论市场营销人员的岗位职责。

5. 对每组的学生进行角色分配，讨论每个人的工作任务与职责。

三、实训方法

项目驱动法、案例分析法、讨论法、角色扮演法。

四、实训准备

1. 学习场地与设施：多媒体教室。

2. 教师准备：案例、工作纸、考核标准、课后练习与实践任务等材料。

3. 学生准备：复习相关知识，提前上网查好相关资料。

五、实训成果

1. 每个小组对决策结果进行陈述或汇报。

2. 每个小组介绍人员的分工与职责。

3. 每个小组提交相应的工作职责任务说明书。

六、实训评估

（一）学生自评

1. 是否掌握市场营销的基本概念。

2. 是否明确市场营销与推销的区别。

3. 小组各成员的工作职责和任务是否适应企业的基本要求。

4. 小组成员是否理解有关营销的概念。

（二）综合评估

1. 教师对各小组的表现进行评价打分。

2. 各小组组长对组内成员的表现进行打分。

3. 教师点评和总结相应的知识点。

思考与练习

一 选择题

扫码即可进行在线测试。

二 简答题

1. 有效市场包括几个层次？
2. 市场管理包括几个步骤？
3. 现代营销观念和传统营销观念有哪些区别？

三 案例分析

扫码阅读案例，完成下面的讨论题。

讨论题

假设你是贝泰妮的营销总监，请你用现代营销观念对其面临的营销困境提出有效对策。

项目二　分析市场营销环境

学习目标

了解市场营销环境的构成；

了解企业面临的宏观和微观市场营销环境。

能力目标

能够识别并准确判断企业面临的宏观和微观市场营销环境。

素质目标

具备营销创新精神，不断根据实践环境的变化进行营销方法和思维的调整与创新。

引导案例

生育政策放开，母婴市场迎爆发式增长

2021年4月，中国人民银行发布了《关于我国人口转型的认识和应对之策》的工作论文，聚焦人口转型问题。该论文提到，我国应抓住当前生育政策对部分居民还是硬约束的时机，全面放开生育，及时释放其较高的生育意愿。论文建议，一方面要全面放开生育，放开到三胎及以上；另一方面还要大力鼓励生育，让妇女敢生、能生、想生。

近年来，国家对人口问题的重视度持续提升，参考日本、韩国分别于1994年、2005年后出台鼓励生育政策，其后生育率下降得到缓和，未来我国鼓励生育相关配套政策亦有望加速出台。中信证券杨帆指出，第七次人口普查结果数据将对下一阶段生育政策的调整提供关键依据，政策调整的窗口期即将到来。

近年来，我国母婴行业市场规模稳步增长，2019年市场规模达到3.54万亿元。主要原因是“80后”“90后”人群逐渐组建家庭并成为新一代的母婴消费群体，母婴消费水平较高，中国母婴市场规模实现稳步增长。

母婴用品行业需求具有刚性，消费者的价格敏感性较低，并且随着“80后”“90后”父母育儿理念的进步和经济条件的改善，产品质量、产品实用性、产品服务成为用户购买母婴产品时所考虑的最关键的因素，价格成为次要因素，良好的品牌口碑也成为消费者考量的因素。所以“80后”“90后”父母在线下购买母婴产品的现象会越来越多，而一些无法在线上实现的体验式服务，更会在未来出现一个小高潮。

（资料来源：https://new.qq.com/rain/a/20210608A0A0D800，有改动。）

环境是企业生存和发展的基础。企业在选择所进入的行业时，首先需要对其经营环境进行分析。

任务一　认识市场营销环境

一、市场营销环境的构成

微实训
市场机会和环境分析

市场营销环境是指一切影响和制约企业营销活动的企业内外部因素的集合，或称企业在营销活动过程中受其影响的各种因素的作用范围和影响力。根据对企业作用的方式和特征的不同，市场营销环境可分为宏观市场营销环境和微观市场营销环境。

（一）宏观市场营销环境

宏观市场营销环境是指那些对企业营销活动产生间接作用的大范围的社会约束力量，主要由政治经济环境、社会文化环境、科学技术环境、人口环境和自然环境等构成。

（二）微观市场营销环境

微观市场营销环境是指与企业营销活动直接发生关系的、影响企业为目标顾客提供服务的能力的因素的集合，也是直接影响企业营销效果的力量。微观市场营销环境主要包括企业内部环境、外部合作组织、顾客、竞争者、公众等方面。

二、市场营销环境的特征

（一）客观性

市场营销环境作为一种客观存在，是不以企业的意志为转移的，有着自己的运行规律和发展趋势，而对营销环境变化的主观臆断必然会导致营销决策的盲目与失误。市场营销环境的客观性具体表现为宏观和中观市场营销环境是企业不可控制的，而微观市场环境虽然是企业可以控制的，但企业在控制中也需要遵循客观规律。

（二）关联性

构成营销环境的各种因素和力量是相互联系、相互依赖的。例如，经济因素不能脱离政治因素而单独存在，同样政治因素也要通过经济因素来体现。

（三）层次性

从空间上来看，市场营销环境因素是多层次的集合。第一层次是企业内部资源、营销中介等；第二层次是供应商、顾客、潜在进入者、替代品生产者、行业现有竞争者等；第三层次是政治经济环境、科学技术环境、社会文化环境和人口自然环境。如果营销活动需跨出国界，就还要考虑国际营销环境。这几个层次的外界环境因素与企业发生联系的紧密程度是不相同的。

（四）差异性

市场营销环境存在差异的主要原因是企业所处的地理环境、生产经营的性质、政府管理制度等方面的不同。这表现在不同企业受不同环境的影响，即使在同一种环境下，对不同企业的影响也不尽相同。

（五）动态性

外界环境随着时间的推移处于变化之中。例如，外界环境利益主体的行为变化和人均收入的提高均会引起购买行为的变化，影响企业营销活动的内容；外部环境各种因素结合方式的不同也会影响和制约企业营销活动的内容与形式。

三、市场营销环境的作用

（一）市场营销环境对企业营销产生双重影响作用

1. 市场营销环境给企业营销带来的威胁

市场营销环境中存在许多不利于企业营销活动的因素，由此对企业形成挑战。如果企业不采取相应的规避措施，这些因素就会导致企业营销困难，给企业经营带来威胁。为保证企业营销活动的正常运行，企业应注重对环境进行分析，及时预见环境威胁，将危机降到最低程度。

2. 市场营销环境给企业营销带来的机会

市场营销环境也会派生出对企业具有吸引力的领域，为其带来营销的机会。对企业来讲，环境机会是开拓经营新局面的重要基础。为此，企业应加强对环境的分析，当环境机会出现的时候，要善于捕捉和把握，以获得企业的发展。

（二）市场营销环境是企业营销活动的资源基础

市场营销环境是企业营销活动的资源基础。企业营销活动所需的各种资源，如资金、信息、人才等，都是由市场营销环境提供的。企业生产经营的产品需要哪些资源、需要多少资源、从哪里获取资源，都必须通过分析研究营销环境因素以获取最优的营销资源，从而满足企业经营的需要，最终实现营销目标。

（三）市场营销环境是企业制定营销策略的依据

企业营销活动受制于客观环境因素，因此它必须与所处的营销环境相适应。但企业在环境面前绝不是无能为力、束手无策的，它能够发挥主观能动性，制定有效的营销策略去影响环境，从而在市场竞争中处于主动地位，占领更大的市场。

任务二　分析宏观市场营销环境

一、政治经济环境

（一）政治环境

政治环境是由强制和影响社会上各种组织与个人行为的法律、政府机构、公众团体所组成的。政治环境主要包括国家的政治体制、政府与企业之间的关系、经济立法、政府的方针政策等。政治环境的作用在于保护所有权、保护竞争、保护消费者权益、保护社会的长远利益等。

在任何社会制度下，企业的营销活动都要受到政治环境的影响。一方面，反映在国家的大政方针上，它不仅规定了国民经济的发展方向和速度，也直接关系到社会购买力的提高和市场需求的增长；另一方面，反映在国家的法律法规上（特别是有关经济立法），它不仅规范企业的行为，使消费需求的数量、质量和结构发生变化，还能鼓励或限制某些产品的生产和消费。

（二）经济环境

经济环境对企业营销活动的影响主要体现在消费者的购买力水平上。因此，企业必须密切注意消费者收入水平和支出模式的变化。

1. 社会购买力

社会购买力是指在一定时期内，社会各方面用于购买商品的货币支付能力，主要包括居民购买力、社会集团购买力和农业生产资料购买力。社会购买力的实现与商品供求状况，是否存在通货膨胀或通货紧缩，消费者收入、支出、储蓄、信贷水平等密切相关。

2. 收入水平

根据收入水平，我们可以把消费者分成三种：高收入、中等收入和低收入。收入不同，购买力也不同，其偏好的产品和服务也会有很大的差异。

3. 支出模式

这里的支出模式是指消费者的消费结构，即消费者在收入中用于衣、食、住、行、教育、娱乐等支出的比例。随着消费者收入的变化，其支出模式也会发生相应的变化。

恩格尔系数

1857年，世界著名的德国统计学家恩斯特·恩格尔阐明了一个定律：随着家庭和个人收入的增加，收入中用于食品方面的支出比例会越来越小。这一定律被称为恩格尔定律，反映这一定律的系数被称为恩格尔系数。其用公式表示为

恩格尔系数=(食品支出总额÷家庭或个人消费支出总额)×100%

恩格尔定律主要表述的是食品支出占消费支出的比例随收入变化而变化的一定趋势，揭示了居民收入和食品支出之间的定量关系和相关关系；用食品支出占消费总支出的比例来说明生产发展、收入增加对生活消费的影响程度。众所周知，食物是人类生存的第一需要，在收入水平较低时，其在消费支出中必然占有重要的地位。只有随着收入的增加，在食品需求基本满足的情况下，消费的重心才会开始向穿、用方面转移。因此，一个国家或家庭生活越贫困，恩格尔系数就越大；反之，一个国家或家庭生活越富裕，恩格尔系数就越小。

恩格尔定律和恩格尔系数在我国最早是被应用在统计分析当中。计算恩格尔系数一般是采用各地的城乡住户调查资料。

国际上常用恩格尔系数来衡量一个国家和地区人民生活水平的状况。根据联合国粮农组织提出的标准，恩格尔系数在59%以上为贫困，50%～59%为温饱，40%～50%为小康，30%～40%为富裕，低于30%为最富裕。

（资料来源：http://www.stats-tj.gov.cn/Item/25072.aspx，有改动。）

二、社会文化环境

微课
文化对营销活动的影响

社会文化环境是指人类在社会发展过程中所创造的物质财富和精神财富的总和。它是无形的，但影响深刻，涵盖面广，主要包括价值观念、生活方式、宗教信仰、职业与受教育程度、相关群体、风俗习惯、社会道德等。社会文化环境对消费者市场需求和行为将会产生强烈而持续的影响，进而影响企业的市场营销活动。无论是在国内还是在国外，企业都应全面了解社会文化环境。

除此之外，社会文化环境还包含语言、社会结构、社会道德风尚等多方面的因素。

海尔电器（泰国）有限公司的本土化之路

在泰国设立工厂是海尔国际化战略中的一步。2002 年，海尔在泰国市场开始试销产品，但没有获得预期效果。于是，在 2007 年，海尔正式成立“海尔电器（泰国）有限公司”（以下简称海尔泰国）作为自己的销售公司，并在同年收购了三洋环球电器有限公司的冰箱厂，成立海尔泰国电器股份有限公司，开始实施本土化的研发和制造。

在经过一番市场调查后，海尔意识到，自己在泰国这个陌生的国度只是一个后来者角色。此外，泰国是一个完全开放的市场，可以说是全世界家电品牌最齐全、竞争最激烈的市场之一。同时，泰国市场被日本家电企业主导了 40 年，其一款冰箱换个颜色就能卖五六年；而洗衣机被三星和 LG 这两个韩国品牌牢牢占据着高达 60%的市场份额。

那么，海尔如何在泰国市场抢占一席之地？

“刚刚收购冰箱厂的时候，我们发现三洋的产品线非常单一，三五种产品一卖就是五六年，根本不能满足市场的需求。”海尔泰国电器股份有限公司副总裁王某说。海尔接手三洋后，从丰富产品线入手，冲着泰国乃至整个东南亚个性化需求而去，开发了富有针对性的产品。以电冰箱为例，国内消费者不甚注意的面板颜色在泰国消费者心中却有着重要的分量。为此，海尔生产出面板色彩斑斓的冰箱——白色、银色、红色、蓝色、绿色，从而快速地进入泰国消费者眼帘。洗衣机则着重满足实用性需求。通过市场调研和用户需求分析，海尔推出的芳香洗衣机（泰国人喜欢衣服带有香气，因此海尔在洗衣机内设了芳香洗涤装置）和双缸洗衣机（泰国郊区水压不稳，双缸洗衣机更具实用性）大获成功。

2010 年，海尔泰国果断提出“3 年保修”承诺，而当时泰国市场包括日韩品牌，都只承诺 1 年保修。海尔认为，既然我们在国内能做到，为什么在泰国就不能做到呢？我们要用服务换取用户认可。2011 年 8 月伊始，泰国中部和北部遭受了 20 年一遇的特大水灾，灾区人们的交通和生活受到了严重影响。当海尔泰国的售后服务人员接到灾民客户的家电泡水报修电话后，公司紧急调度平底船，第一时间赶赴现场，解决受灾群众的实际困难；同时，在严峻的条件下，海尔泰国为用户送货上门，并对用户家中的用电情况进行检修，帮助用户免费保养家电。海尔泰国因为在水灾中的出色表现，成为媒体争相报道的焦点，再一次提升了品牌美誉度。为了进一步改变泰国人对中国品牌“质量差、价格低”的偏见，海尔把泰国经销商们分批请到泰国工厂甚至海尔总部去参观考察，让他们了解海尔和海尔的全球化。

海尔已在泰国实现冰箱、冷柜、洗衣机等多家工厂的本地化生产，除满足泰国本土需求外，还出口到马来西亚、菲律宾等其他东南亚国家，并销往中东、非洲、南美洲等多个国家和地区。三位一体的本土化给海尔带来了巨大的回报。由于研发、制造、销售都在本地，海尔可以第一时间把握市场动向，研发适销对路的产品，快速进入市场。

三、科学技术环境

案例
大数据与市场营销

科学技术是第一生产力，科技的发展对经济发展有巨大的影响。科学技术不仅直接影响企业内部的生产和经营，同时还与其他环境因素互相依赖、互相作用，带给企业营销活动有利与不利的影响。

（一）开辟新的消费领域

随着新科技的不断出现，会不断形成新的消费领域。例如，随着通信技术和电子商务的快速发展，跨境网络购物已成为一种新的消费方式。2021 年，全国网上零售额达 13.1 万亿元，其中，实物商品网上零售额首次突破 10 万亿元，达 10.8 万亿元。2021 年，实物商品网上零售额占社会消费品零售总额的比重为 24.5%，对社会消费品零售总额增长的贡献率为 23.6%。网络零售市场保持稳步增长，成为稳增长、保就业、促消费的重要力量。消费升级趋势明显。健康、绿色、高品质商品越来越受消费者青睐。数据显示，家居智能设备销售额同比增长 90.5%；智能腕表、智能眼镜等智能穿戴用品销售额同比分别增长 36.3%、26.8%。户外用品销售额同比增长 30.8%。其中帐篷、滑雪装备、冲浪潜水产品销售额同比增长 57.0%、55.2%、39.2%。有机蔬菜销售额同比增长 127.6%。不少体现中华优秀传统文化的非遗特色产品成为新的国潮商品，销售额同比增长 39%。服务业电商创新发展势头强劲。在线餐饮整体增速加快，销售额同比增长 30.1%，增速比上年提高 27.9 个百分点。在线文娱市场快速恢复，在线文娱场次数同比增长 1.2 倍。农村电商有效助力乡村振兴。2021 年，全国农村网络零售额为 2.05 万亿元，同比增长 11.3%。全国农产品网络零售额为 4 221 亿元，同比增长 2.8%。海关数据显示，跨境电子商务进出口额达 1.98 万亿元，同比增长 15%。其中出口 1.44 万亿元，同比增长24.5%。跨境电子商务综合试验区带动作用明显，有力推动跨境电子商务平稳较快发展。

（二）创造新的营销机会

科技在传统行业的应用，不断创造出更多的营销机会，最为典型的莫过于电子商务业。随着网络购物的发展，银行等金融机构不断应用新技术，开展网上银行、电话银行、微信银行、网络安全与支付等业务，进一步为互联网金融的发展奠定了良好的保障基础。

太空育种成效大

所谓太空育种，是指依靠卫星技术搭种子上天，利用太空中特殊的宇宙辐射、微重力、高真空等条件使种子发生基因突变和染色体畸变，然后返回地面进行培育种植。经研究确认，“太空食品”大都具有产量高、品质好等特点。中国的航天育种研究开始于 1987 年。到目前为止，中国利用返回式卫星和神舟飞船先后进行了十多次、两千多种试验品种的空间搭载试验。太空水稻、太空蔬菜、太空花卉、太空水果等已经进入寻常百姓家。

（三）增加了营销风险

盲目追求新科技开发，会使企业营销风险增加，而且有一些不法分子利用其中的缺陷进行购物欺诈，给消费者带来风险。

四、人口环境和自然环境

（一）人口环境

人口是构成市场的第一位因素。市场是由有购买欲望同时又有支付能力的人构成的，人口的多少直接影响市场的潜在容量。从影响消费需求的角度，可对人口因素做如下分析。

1. 人口规模

一个国家或地区的总人口数量，是衡量市场潜在容量的重要因素。对企业而言，应该准确掌握市场的人口数量，这有利于其准确判断市场潜力。对消费品厂商来说，这一点也尤其重要。

2. 人口结构

人口结构包括性别结构、年龄结构、地区结构、民族结构、职业结构、受教育程度等。人口结构不同，消费需求结构也不同。根据统计，在网络购物的性别比例中，男性高于女性。

思政材料
我国手机品牌的国际化之路

（二）自然环境

自然环境是指自然界中企业营销活动所需要或所影响的任何因素的总称。自然环境分析涉及自然界中能影响企业营销活动的各个要素，主要包括企业对自然资源的可用性、可用规模及使用成本，企业活动对自然环境的影响，营销活动主体的环保意识及政府对环境保护的干预程度等。

任务三　分析微观市场营销环境

微观市场营销环境是指与企业营销活动发生直接联系的外部因素。从严格意义上来讲，微观市场营销环境包括企业内部环境、外部合作组织、顾客、竞争者和公众。

一、企业内部环境

微课
企业内部条件对营销活动的影响

企业内部环境是指企业内部组织划分和层级，以及非正式组织所构成的整体。企业内部环境不仅强调组织的正式和非正式结构，更强调组织成员的协作关系。

企业在进行营销活动时，必须设立某种形式的营销部门，让其负责主要的营销工作。但同时营销部门又不是孤立存在的，还需要与其他职能部门及高层管理部门发生联系。企业营销部门与财务、采购、制造、研究和开发等部门之间既有多方面的合作，也存在着争取资源方面的矛盾。这些部门的业务状况如何，它们与营销部门的合作状况如何及它们之间是否协调发展，对营销决策的制定与实施影响极大。高层管理部门由董事会、总经理及其办事机构组成，负责确定企业的任务、目标、方针政策和发展战略。营销部门在高层管理部门规定的职责范围内做出营销决策。市场营销目标从属于企业总目标，是为总目标服务的次级目标。营销部门所制订的计划也必须在高层管理部门批准后实施。企业内部各部门之间的关系如图 2-1 所示。

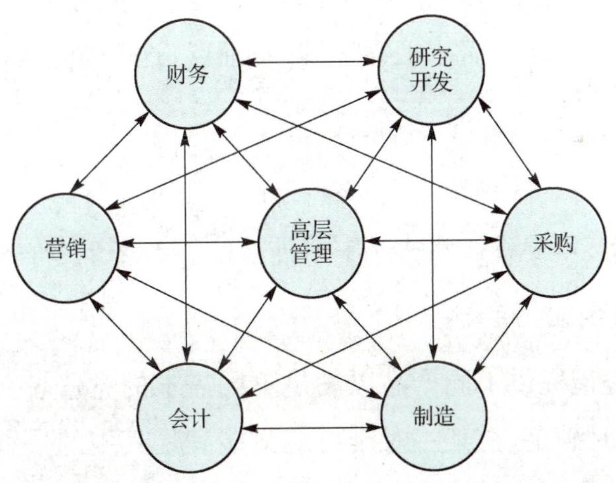

图 2-1　企业内部各部门之间的关系

在人员构成上，市场营销部门一般由企业主管市场营销的副总经理、销售经理、推销人员、广告经理、营销研究与计划以及定价专家等组成。营销部门在制订和实施营销目标与计划时，不仅要考虑企业外部环境力量，还要充分考虑企业内部环境力量。

二、外部合作组织

任何一家企业在经营的过程中，都会与各类资源的供应者和各类营销中介进行协作。为企业经营提供各种营销服务的外部合作组织包括资源供应商、分销商和营销辅助商。资源供应商向企业提供原材料、零部件、能源、劳动力等，分销商则为企业融通资金和销售产品，营销辅助商为企业提供运输、储存、咨询、保险、广告等服务，它们对营销决策制定和营销方案实施起着重要作用。企业能否在动态的市场环境中与这些外部合作组织建立稳定、有效的协作关系，对企业任务与目标的最终完成与否具有重要影响。

三、顾客

顾客是指使用进入消费领域的最终产品或劳务的消费者和生产者，也是企业营销活动的最终目标市场。顾客是市场的主体，任何企业的产品和服务只有得到顾客的认可，才能赢得这一市场。现代营销强调把满足顾客需要作为企业营销管理的核心。企业的市场可从国内市场和国外市场两个维度进行细分。

不同市场的顾客需求各不相同。为此，企业要注重对顾客进行研究，分析顾客的需求规模、需求结构、需求心理及购买特点，这是企业营销活动的起点和前提。

四、竞争者

从大体上来说，一家企业在市场上所面对的竞争者主要有以下四类。

（一）愿望竞争者

愿望竞争者是指提供不同产品以满足不同需求的竞争者。消费者的需求是多方面的，很难同时满足，在某一时刻可能只能满足其中的一种需要。消费者经过慎重考虑做出的购买决策，往往是提供不同产品的厂商为争取该消费者成为现实顾客竞相努力的结果。

（二）属类竞争者

属类竞争者是指提供不同产品以满足同一种需求的竞争者。属类竞争是决定需求的类型之后的次一级竞争，也称平行竞争。例如，消费者为锻炼身体准备购买体育用品，他要根据年龄、身体状况和爱好选择一种锻炼方法，是买羽毛球拍和羽毛球，还是买游泳衣，这些产品生产经营者的竞争，都将影响消费者的选择。

（三）产品形式竞争者

产品形式竞争者是指满足同一需求的产品的各种形式的竞争者。由于产品的规格、型号不同，性能、质量、价格各异，消费者需要在充分收集信息后做出选择。例如，购买彩电的消费者，要对其规格、性能、质量、价格等进行比较后再做出决策。

（四）品牌竞争者

品牌竞争者是指满足同一需求的同种形式、不同品牌的产品的竞争者。例如，购买彩电的顾客可在同一规格的各进口品牌彩电及国产的长虹、海尔、康佳等品牌之间做出选择。

居安不思危缘于过度自信——派克的教训

美国派克制笔公司是全球制笔行业的名牌企业之一。到 1945 年，派克制笔公司在 14 个国家设有子公司，且世界上有 120 家经销店和专营经销商经营派克金笔，其已成为世界闻名的高档金笔生产企业。

但是，从 1980 年起，派克制笔公司连续 5 年亏损，到 1985 年，亏损额达 500 万美元。1986 年 2 月，派克制笔公司被英国一家公司以 1 亿美元的价格收购。

在派克金笔称雄业界之时，其繁荣背后却隐藏着危机。当时，派克制笔公司的许多竞争对手针对美国市场发生的变化纷纷调整生产策略，转而生产书法笔和价值昂贵的高档笔，同时还利用生产厂家在美国市场的代理商向美国市场推销其产品，而此时派克制笔公司却沉醉在胜利的喜悦之中，对其他厂家的竞争没有丝毫的戒备。领导者对这种新情况无动于衷，处于一种自我感觉良好的封闭状态。这样，派克制笔公司市场竞争失败便不可避免了。

五、公众

公众是指对一个组织实现其目标的能力有实际的或潜在的兴趣或影响的任

何团体。由于企业的营销活动必然会影响公众的利益，所以政府机构、融资机构、媒介机构、当地居民等公众必然会关注、监督、影响、制约企业的营销活动。企业必须采取积极措施，树立良好的企业形象，力求保持和主要公众之间的良好关系。

一般来说，企业面对的公众主要有政府公众、融资公众、媒介公众、社团公众、社区公众、一般公众等几种类型。

总之，构成企业微观市场营销环境的各种制约力量，影响着企业为目标市场服务的能力，与企业形成了协作、竞争、服务、监督的关系。微观市场营销环境的改善对企业来说是非常重要的，是企业的一项经常性任务。

核心职业能力训练

一、实训目标

能够运用一定的方法，按照基本流程对背景行业环境进行分析。

二、实训设计

1. 教师准备一份典型的行业环境分析案例阅读资料，与学生一起阅读后，引出本次实训的学习内容与学习任务。

2. 教师引导学生对案例进行讨论和分析，明确学习和工作的目标与要求。

3. 班级分成4～6个小组，每个小组8人，学生分组讨论确定市场营销环境的影响因素有哪些。

4. 对分组的学生进行角色分配，讨论每个人的工作任务与职责。

三、实训方法

项目驱动法、案例分析法、讨论法、角色扮演法。

四、实训准备

1. 学习场地与设施：多媒体教室。

2. 教师准备：案例、工作纸、考核标准、课后练习与实践任务等材料。

3. 学生准备：复习相关知识，提前上网查好相关资料。

》五、实训过程

第一步:分析人口因素。主要分析人口规模及增长速度、人口年龄结构、民族构成、受教育程度、家庭结构等因素。各项目组分析上述人口因素对自己选择的背景行业有什么影响。

第二步:分析经济因素。主要分析国家贸易体系与国际金融体系、社会购买力、消费者收入水平和消费结构。各项目组分析上述经济因素对自己选择的背景行业有什么影响。

第三步:分析政治法律因素。主要分析政治稳定性、民族问题、公众利益集团、对企业管理的大量立法等。各项目组分析上述政治法律因素对自己选择的背景行业有什么影响。

第四步:分析自然环境因素。主要分析原材料、能源、环境污染等因素。各项目组分析上述自然环境因素对自己选择的背景行业有什么影响。

第五步:分析社会文化因素。主要分析社会文化、亚文化等因素。各项目组分析上述社会文化环境因素对自己选择的背景行业有什么影响。

第六步:分析技术因素。主要分析技术给企业营销带来的主要影响。各项目组分析上述技术因素对自己选择的背景行业有什么影响。

第七步:整合上述步骤的分析结果,完成行业环境分析报告。

》六、实训评估

(一)学生自评

1. 是否掌握市场营销环境的构成。
2. 是否明确市场环境的影响因素。
3. 小组成员各自的工作职责和任务是否适应企业的基本要求。
4. 小组成员是否熟悉分析报告完成流程。

(二)综合评估

1. 教师对各小组的表现进行评价打分。
2. 各小组组长对组内成员的表现进行打分。
3. 教师点评和总结相应的知识点。

思考与练习

一 选择题

扫码即可进行在线测试。

二 简答题

1. 市场营销环境由哪几部分构成？
2. 市场营销环境具有哪些特征？
3. 宏观市场营销环境包括哪些因素？
4. 微观市场营销环境包括哪些因素？

三 案例分析

扫码阅读案例，完成下面的讨论题。

讨论题

1. 什么是消费升级？
2. 消费升级的动力是什么？
3. 企业应如何抓住消费升级趋势进行市场营销？

项目三　分析消费者购买行为

学习目标

了解消费者需要的特点；

掌握消费者需要的分类；

掌握消费者购买动机的特点和类型；

熟悉消费者购买动机的程序。

能力目标

能够识别消费者购买动机的类型。

素质目标

树立正确的人生观，能够运用专业能力发现并激发消费者的购买动机，杜绝不良竞争和非法诱逼等行为。

引导案例

黄金与水

美国巨富亚默尔在少年时代只是一名种地的小农夫。在他17岁那年，加州传来发现黄金的消息，于是当地很快掀起一股寻金热。亚默尔也被这一浪潮席卷，他历尽千辛万苦来到加州，一头扑进山谷，加入寻金者的行列。

山谷里气候干燥，水源奇缺。寻找金矿的人最痛苦的就是没有水喝，他们一面寻找金矿，一面不停地抱怨："要是有一壶凉水，我愿意给他一块金币。""谁要是让我痛饮一顿，我出两块金币也干！"这些话只不过是寻金者一时发的牢骚，没有人在意，说过之后，人们又埋头找起金矿来。但在这一片"渴望"声中，亚默尔那具有企业家素质的头脑开始转动。这些抱怨对他来说无疑是一个个小小的却非常有用的信息。他想，如果把水卖给这些人喝，也许比挖金子更能赚钱。于是，亚默尔毅然放弃了找矿，把手中的铁锹掉了个方向，变挖掘黄金为挖水渠。他把河水引进水池，经过细沙过滤，变成清凉可口的饮用水。然后，他把水装在桶里、壶里，卖给找金矿的人。清凉可口的饮用水立即受到了寻金者的欢迎。那些唇干口燥的人发疯似的向他涌来，一块块金币也投向他的怀抱。

当时不少人都嘲笑他："我们千辛万苦到加州，就是为了挖金子、发大财，如果要干这种蝇头小利的生意，哪儿不能干？何必离乡背井跑到加州来呢？"对于这些挖苦，亚默尔根本不介意，继续卖他的饮用水。结果，在很短的时间里亚默尔靠卖水就赚了6 000美元，这在当时不算个小数目。亚默尔受到了鼓舞，继续坚持卖水。后来，当许多人因找不到金矿而忍饥挨饿、流落他乡时，亚默尔已经成为一个小小的富翁了。

经营企业，关键在于掌握信息，而信息的价值在于新，在于快，在于独家所有。这就要靠企业家处处做有心人，从各种渠道去寻找、挖掘，哪怕是一次普通的私人谈话，也要细心留意。亚默尔本来是去挖金的，但他从挖金人的抱怨中找到了有价值的信息，即找水比挖金更能赚钱，他毅然改挖金为找水，结果他成功了。

消费者行为是指人们为满足需要和欲望而寻找、选择、购买、使用、评价及处置产品和服务时介入的活动与过程。消费者行为分析就是研究消费者的这些活动和过程及影响这些活动和过程的各种因素。

在现代市场经济条件下,企业研究消费者行为的目的是与消费者建立和发展长期的交换关系。为此,企业不仅需要了解消费者是如何获得商品的,还要了解消费者是如何使用和处置商品的。消费者的消费体验既会影响他们以后的购买决策,也会影响周围更多的潜在顾客。因此,现在的消费者行为研究把消费者行为看作一个整体、一个过程,既调查、了解消费者在获取商品之前的活动,又重视消费者在获取商品之后的使用和处置活动。

任务一 认知消费者需要

对消费者而言,需要产生购买动机,购买动机支配消费行为。在现实生活中,消费者各种各样的消费行为都是由于需要而产生的购买动机引起的。需要是消费者产生购买动机的基础,也是消费者消费行为的原动力,购买动机则是消费行为的直接驱动力。因此,消费者的需要与动机在消费行为研究中占有重要的地位。

一、消费者需要的含义

消费者需要是指消费者在生理和心理上的匮乏状态,即感到缺少些什么,从而想获得它们的状态。个体在其生存和发展的过程中会有各种各样的需要。需要虽然是人类活动的原动力,但它并不一直处于唤醒状态。只有当消费者的匮乏感达到了某种迫切程度,需要才会被激发并促使消费者有所行动。

二、消费者需要的特点

(一)多样性

不同的消费者由于主、客观条件的差异,会形成多种多样的消费需要。例如,北方居民对面粉制品的消费需求比较大,南方居民对大米制品的消费需求比较大。即使是同一名消费者,消费需要也是多元的,即同一消费者对某一特定消费对象常常兼有多方面的要求。

（二）发展性

消费者的消费需要是一个由低级向高级、由简单向复杂不断发展的过程。消费者需要的发展性在市场上表现为消费数量的增多和消费质量的提高。一种需要被满足后，又会产生新的需要，因此人的需要不会有被完全满足和终结的时候。正是需要的无限发展性，才决定了人类活动的长久性和永恒性，而这正是推动企业不断创新、市场不断发展的原动力。

（三）周期性

每名消费者都有一些需要在获得满足后，在一定时间内不再产生，但随着时间的推移其还会重新出现，显示出周而复始的特点。然而这种重复出现的需要在形式上总是不断翻新的，也只有这样，需要的内容才会丰富、发展。

（四）伸缩性

伸缩性又称弹性，是指消费者对某种商品的需要会因某些因素（支付能力、价格、储蓄利率等）的影响而发生一定限度的变化。企业在进行生产和经营时，必须从消费者当前的实际消费水平和民族消费历史、消费习惯的特点出发，注意将满足物质需要和精神需要两方面有机地结合起来。

（五）可诱导性

微课
需求管理

消费者的需要不是一成不变的，会随着周围环境的变化而发生改变。需要可以改变，即可以通过人为地、有意识地给予外部刺激或改变外部环境诱使需要按照预期的目标发生变化或转移。基于此，企业可以通过一些人为的手段来刺激消费者的需要，如通过促销、广告、时尚倡导、明星示范等诱导消费者需要产生；可以通过人为地、有意识地给予外部诱因或改变环境状况，诱使或引导消费需要按照预期的目标发生变化或转移。

三、消费者需要的分类

（一）按其性质划分

消费者需要按其性质的不同，可划分为生理性需要和心理性需要。

1. 生理性需要

生理性需要是指人类个体作为自然人为维持自身生命的延续和种族的繁衍而与生俱来的需要。基本生理性需要的满足包括食物、饮水、住所、睡眠、氧气等，这些生理性需要在人的所有需要中是有着绝对优势的。

2. 心理性需要

思政材料
国货的“野性消费”

心理性需要是指人类个体作为社会人在长期协同生存中受历史条件、社会制度、文化知识水平，以及种族和风俗习惯等的制约逐渐形成的需要，也被称为社会性需要。在人类个体需要中，除了生理性需要外，诸如对友谊、地位、荣誉等的追求也都属于心理性需要。

（二）按其形态划分

消费者需要按其形态不同，可划分为现实性需要和潜在性需要。

1. 现实性需要

现实性需要是指消费者目标指向明确（明确到具体商品）而且有货币支付能力的需要。这种需要也被称为有效需要，它是企业制定当前市场营销策略的现实基础。满足消费者的现实性需要是企业当前市场营销活动的重心。

2. 潜在性需要

潜在性需要表现为两种形式：一种是消费者目标指向明确但缺少货币支付能力的需要；另一种是消费者有货币支付能力但目标指向不明确的需要。

四、消费者需要对其购买行为的影响

（一）消费者需要是其购买行为的基础

需要是推动各种购买行为的最根本的内在动因。消费者的购买行为是为了满足其特定的需要。例如，购买食物、水等是为了满足基本的生理性需要，购买奢侈品是为了满足心理性需要。但是有的需要暂时没有被消费者发觉，如潜在性需要。当这类需要达到一定迫切程度或受到引导时，便会导致购买行为的产生。

（二）消费者需要的强度决定其购买行为的实现程度

人的需要是多种多样的，其中被主体意识到的是比较强烈的需要。同时，在一般情况下，需求越迫切、越强烈，购买行为实现的可能性就越大；反之，如果需求不迫切、不强烈，消费者的购买行为就可能推迟，甚至不发生。

（三）消费者消费水平不同影响其购买行为的具体内容

在发达国家，消费水平相对较高，而消费者购买食品的费用在整个购买费用中所占的比例就比较小；在发展中国家，情况正相反。

另外，处于不同消费水平的消费者，在购买同类商品上会出现较大的差异。

（四）消费者潜在性需要与其现实性需要相互作用，从而影响购买行为

按照马斯洛的需要层次论，只有下一个层次的需要被基本满足以后，才会有高一层次的需要，因此尚未被满足的需要称为现实性需要，下一个需要就可称为潜在性需要。只有当目前现实性需要被基本满足以后，潜在性需要才会上升为新的现实性需要。从消费者个人方面来讲，大多数人的购买力还比较有限。因此，人们日益增长的需要有很多是潜在性需要，目前暂时还得不到满足。随着人民群众购买能力的逐步提高，这种消费需要的满足程度将会不断增强。

目标市场决策

一家公司正准备推出用蜂蜜涂层、低脂肪并保持原味的坚果。请你利用以下目标市场信息（见表3-1）帮助管理者分析市场环境，并决定哪一个目标市场最具推出产品的可行性。这一产品的最好市场是什么？原因是什么？

表3-1 目标市场信息

第一目标市场	第二目标市场	第三目标市场
低收入	中等收入	高收入
蓝领	白领	白领
高中学历	大学学历	高级教育
城市	郊区	郊区
社交活跃	社交不活跃	社交活跃分子
价格敏感	价格不太敏感	价格不敏感
看大量电视	看大量电视	阅读杂志多
喝啤酒	不喝酒	喝果酒

任务二 了解消费者购买动机

购买动机是使消费者做出购买某种商品决策的内在驱动力，是引起消费者购买行为的前提，也是引起购买行为的缘由。有什么样的动机就有什么样的行为。

一、购买动机的特点

（一）迫切性

购买动机的迫切性是由消费者的高强度需求引起的。例如，有人对骑自行车本身不感兴趣，但搬到新家后，上班距离远，乘车又不方便，看到邻居骑车上下班很方便，就会产生迫切想要买一辆自行车的想法。

（二）内隐性

内隐性是指消费者出于某种原因不愿让别人知道自己真正的购买动机的心理特点。在复杂的消费活动中，消费者有时不愿将内心的想法表露出来，甚至在更复杂的消费活动中，消费者自身也很难意识到或表达清楚自己的真实购买动机是什么。

（三）可诱导性

购买动机产生的条件之一是外部因素。因此营销人员可针对消费者的购买动机，运用各种手段和方法，向消费者提供商品信息资料，对商品进行说明，使消费者的购买动机得到强化，对该商品产生喜欢的倾向，进而产生购买行为。

（四）复杂性

购买动机的复杂性可以由以下两个方面表现出来。

1. 模糊性

有关研究表明，引起消费者购买活动的动机有几百种，其中最普遍的是多种动机的组合作用。其中，有些是消费者意识到的动机，有些是处于潜意识状态的动机。其往往表现为一些消费者也不清楚自己购买某种商品究竟是为了什么。

2. 矛盾性

当个体消费者同时存在两种以上的消费需求，且两种需求互相抵触、不可兼得时，消费者内心就会产生矛盾。

》二、购买动机的类型

（一）感情动机

购买需求是否得到满足，直接影响消费者对商品或营销者的态度。这些不同的情绪体验在不同的顾客身上，会表现出不同的购买动机，具有稳定性的特点。

感情动机可以分为求美动机（从美学角度选择商品）、嗜好动机（满足特殊爱好）、攀比动机（对地位有所要求，争强好胜）。

（二）理智动机

理智动机是消费者经过对各种需要、不同商品满足需要的效果和价格进行认真思考以后产生的动机，具有客观性、周密性和控制性的特点。

理智动机可以分为求实动机（追求产品的实用价值）、求新动机（追求产品的新潮、奇异）、求优动机（追求产品的质量、性能）、求名动机（追求产品的品牌）、求廉动机（追求廉价的商品）、求简动机（追求产品使用程序简单、产品购买过程简单）。

（三）惠顾动机

惠顾动机是指消费者因感情和理智的经验对特定的商店（厂牌或商品）产生特殊的信任和偏好，重复地、习惯地进行购买的一种行为动机，具有经常性与习惯性的特点。

》三、需要、动机和行为的关系

需要、动机和行为三者之间具有密切的关系。当人产生需要而未得到满足时，会产生一种紧张不安的心理状态。在遇到能够满足需要的目标时，这种紧张的心理状态就会转化为动机，推动人们去从事某种活动，去实现目标。目标得以实现就能获得生理或心理上的满足，紧张的心理状态就会消除，这时又会产生新的需要，引起新的动机，指向新的目标。这是一个循环往复、连续不断的过程。因此，需要是动机和行为的基础。人们产生某种需要后，只有当这种需要具有某种特定的目标时，需要才会产生动机，从而成为引起人们行为的直接原因。

任务三　熟悉消费者购买过程

市场营销者在分析了影响消费者特性的主要因素之后，还需了解消费者是如何真正做出购买决策的，即了解谁做出购买决策、购买决策的类型及购买决策的过程。

一、消费者购买决策过程的参与者

人们在购买决策过程中可能扮演不同的角色，主要包括以下几类：

（1）发起者，即首先提出或有意购买某一产品或服务的人。

（2）影响者，即其看法或建议对最终决策具有一定影响的人。

（3）决策者，即对是否买、为何买、如何买、何处买等购买决策做出全部或部分最后决定的人。

（4）购买者，即实际购买人。

（5）使用者，即实际消费、使用产品或服务的人。

二、消费者购买行为的类型

消费者购买决策随其购买行为类型的不同而不同。较为复杂和花费多的消费行为的决策往往凝结着购买者的反复权衡和众多人的参与决策。根据参与者的介入程度和品牌间差异程度的不同，可将消费者购买行为分为以下四种类型。

（一）复杂购买行为

当购买一件贵重的、不常买的、有风险但又非常有意义的产品时，由于产品品牌差异大，消费者对产品缺乏了解，因而消费者需要有一个学习过程，广泛了解产品的性能、特点，从而对产品产生某种看法，最终决定购买。

针对这种复杂购买行为，市场营销者应采取有效措施帮助消费者了解产品性能及其相对重要性，并介绍产品优势及其给消费者带来的利益，从而影响消费者的最终选择。

（二）寻求多样化购买行为

有些产品品牌差异明显，但消费者并不愿意花时间来选择和估价，而是不断变换所购产品的品牌。这样做并不是因为对产品不满意，而是为了寻求多样化。

针对这种购买行为，市场营销者可采用销售促进和占据有利货架位置的办法，保障供应，鼓励消费者购买。

（三）化解不协调购买行为

有些产品品牌差异不大，消费者不经常购买，而购买时又有一定的风险，所以消费者一般要先做比较、看货。只要价格公道、购买方便、机会合适，消费者就会决定购买。购买以后，消费者也许会感到有些不协调或不够满意，在使用过程中，他们会了解更多情况，并寻求种种理由来减轻、化解这种不协调，以证明自己的购买决策是正确的。经过由不协调到协调的过程，消费者会产生一系列的心理变化。

针对这种购买行为，市场营销者应运用价格策略和人员推销策略，选择最佳销售地点，并向消费者提供有关产品评价的信息，使消费者在购买后相信自己做了正确的决定。

（四）习惯性购买行为

对于价格低廉、经常购买、品牌差异小的产品，消费者不需要花时间进行选择，也不需要经过收集信息、评价产品特点等复杂过程，因而其购买行为最简单。消费者只是被动地接收信息，出于熟悉而购买，也不一定进行购后评价。

针对这种购买行为，市场营销者可以用价格优惠、电视广告、独特包装、销售促进等方式鼓励消费者试用、购买和续购其产品。

三、消费者购买决策的过程

（一）引起需要

从理论上来讲，需要的引起有两个方面的原因。一方面是内在的、由生理所决定的，是由生理性动机引起的。对于这些需要，企业只能适应而无法改变。另一方面是外在的刺激。对于这种需要企业要通过适当的方式刺激顾客，使之了解、喜欢自己的服务，并产生购买欲望。例如，加大宣传力度，以刺激顾客产生购买的欲望。

（二）收集信息

在市场营销中，消费者购买决策的第二步是收集信息。消费者信息的来源多种多样，主要有个人来源、商业来源、公共来源、经验来源等。如果企业了解了这些情况，那么在做广告宣传时，对广告媒体的选择也就更有针对性了。

（三）比较评估

为了更好地了解购买对象，消费者可能会从不同的渠道收集很多信息，然后对其进行分析，做出决策，这就是比较评估。当消费者的购买决策进入比较评估阶段后，企业就应围绕消费者的消费心理，制造大量能够打动消费者的信息。因为经过对众多同类产品的比较，消费者当然愿意接受性能和价格让自己更加满意、能给自己带来更多利益的产品。所以，企业在宣传中，要注意突出自己产品的优点，尽量让消费者多了解自己产品的优点，方便消费者进行判断和选择。

（四）实际购买

只让消费者对某一品牌产生好感和购买意向是不够的。消费者真正将购买意向转为购买行动，其间还会受到两个方面的影响。

1. 他人态度

消费者的购买意图会因他人的态度而增强或减弱。他人态度对购买意图影响力的强度，取决于他人态度的强弱及其与消费者的关系。一般来说，他人态度越强，与消费者的关系越密切，其对消费者的影响就越大。

2. 意外情况

消费者购买意向的形成，总是与预期收入、预期价格和期望从产品中得到的好处等因素密切相关。但是，当消费者欲采取购买行动时发生了一些意外情况，诸如因失业而减少收入，因产品涨价而无力购买，或者有其他更需要购买的东西出现等，这一切都将会使消费者改变或放弃原有的购买意图。

在这个实际购买的过程中，消费者依然可能做出否定购买的决策。因此，必须按照消费者接受的最佳状态、最佳时机来考虑接待方式。

（五）购后感受

实际购买的完成并不是企业营销行为的结束。作为企业，还要关心、了解消费者的购后感受，这是购买过程的最后一个步骤。购后感受分为购后的近期感受和远期感受。企业既要追求近期感受，也要追求远期感受。如果消费者没有良好的近期感受，他就可能买都不买；如果没有远期感受，他买完之后就会后悔，甚至会做反面宣传。因此，要通过商品的质量，通过良好的售后服务体系的构建，为消费者营造一种良好的、长期的购后感受。与此同时，也要通过良好的近期促销、恰当的促销手段，让消费者获得良好的近期感受，让消费者满意和理解，让消费者感到物有所值。

核心职业能力训练

一、实训目标

掌握消费者行为调查策划方案的撰写要求，能够设计消费者需求调查方案。

二、实训设计

1. 教师事先准备各背景行业现有的消费者状况，并布置学生也收集他们所感兴趣的行业的消费者情况资料。

2. 教师引导学生对资料进行梳理，拟定消费者调查目标与调查主题。

3. 班级分成4～6个小组，每个小组8人；学生分组讨论确定调查对象及抽样、范围、地点、时间；确定市场调查方法；确定市场调查经费预算。

4. 对每组学生进行角色分配，讨论每个人的工作任务与职责，以及方案的可行性。

三、实训方法

问题引导法、案例分析法、讨论法、角色扮演法。

四、实训准备

1. 学习场地与设施：多媒体教室。

2. 教师准备：案例、工作纸、考核标准、课后练习与实践任务等材料。

3. 学生准备：复习相关知识，提前上网查好相关资料。

五、实训过程

第一步：各项目组确定为背景企业展开的消费者行为调查活动的目的。

第二步：根据调查目的，收集与消费者购买决策相关的资料。

第三步：决定收集资料的方法。收集资料的方法有观察法、实验法、调查法。

第四步：选择调查法收集资料的方式。调查法收集资料的方式有邮寄问卷、电话访谈、个人访谈。

第五步：确定抽样大小和抽样方法。抽样方法分为随机抽样和非随机抽样。

第六步：撰写调查策划方案。

六、实训评估

（一）学生自评

1. 是否明确消费者需求的特点和分类。
2. 是否明确消费者购买动机的特点和类型。
3. 小组各成员的工作职责和任务是否合理有序。
4. 小组成员是否具备撰写调查策划方案的能力。
5. 本组市场调查方案是否符合实际，调查设计有无漏洞。

（二）综合评估

1. 教师对各小组的表现进行评价打分。
2. 各小组组长对组内成员的表现进行打分。
3. 教师点评和总结相应的知识点。

思考与练习

一 选择题

扫码即可进行在线测试。

二 简答题

1. 什么是消费者需要？消费者需要具有哪些特点？
2. 消费者购买动机有哪些类型？
3. 消费者购买行为分为几种类型？
4. 简述消费者购买决策的过程。

三 案例分析

扫码阅读案例，完成下面的讨论题。

讨论题

中国的绣花鞋畅销美国，反映了顾客的何种需要？

项目四　市场调查与预测

学习目标

掌握市场调查的内容；

了解市场调查的类型；

掌握市场调查的过程与方法；

掌握市场调查问卷的构成；

掌握市场预测的方法。

能力目标

能够根据所学知识设计市场调查的流程；

能够根据需要选用合适的市场调查方法；

能够根据调查需要设计调查问卷；

能够准确运用市场预测的方法进行预测。

素质目标

具备团队精神和协作精神。

2020 年中国汽车行业分析报告

一、中国汽车行业状况分析

中国汽车企业经过五十多年的建设，逐步发展强大，已经形成了各种车型生产基地。汽车行业在中国国民经济中的重要地位已被广泛认可。中国汽车企业要以独立自主为基础，以发展汽车行业为重点，以大集体为主体，逐步促进联合重组，优化产业结构，实现规模经济；同时结合中国汽车行业的特点，引进国外先进技术，建立自主发展的中国汽车企业体系。

2019 年 11 月，中国汽车产销量分别完成 259.3 万辆和 245.7 万辆，产量同比增长 3.8%，销量同比下降 3.6%，销量同比降幅比上月缩小了 0.5%。累计方面，2019 年 1～11 月，中国汽车产销量分别完成 2 303.8 万辆和 2 311 万辆，同比分别下降 9%和 9.1%，产销量降幅比 1～10 月分别缩小 1.4%和 0.6%。中国汽车工业协会(以下简称中汽协)表示，从 2019 年 11 月的数据看，汽车产销量恢复到较高水平，尤其是产量同比正增长。这也反映出我国汽车企业在连续降低库存水平后，开始回补库存，生产节奏有所恢复；与此同时，企业的市场信心也将有所恢复。

2019 年 11 月，中国乘用车产销量分别完成 216.3 万辆和 205.7 万辆，均达到了 2019 年以来最高月度水平，产销量环比分别增长 11.6%和 6.7%；产量同比增长 1.9%，销量同比下降 5.4%，降幅比上月缩小 0.4 个百分点。累计方面，2019 年1～11 月，中国乘用车产销量分别完成 1 917.5 万辆和 1 923.1 万辆，同比分别下降10.7%和 10.5%，降幅与 1～10 月相比有所缩小。

2019 年 11 月，中国新能源汽车销量持续下降，这已经是第 5 个月同比下滑了，而累计产销量同比也只有小幅度的增长。新能源汽车产销量分别完成 11 万辆和 9.5 万辆，同比分别下降 36.9%和 43.7%。其中，纯电动汽车产销量分别完成 9.6 万辆和 8.1 万辆，同比分别下降 29.6%和 41.2%；插电式混合动力汽车产销量均完成 1.4 万辆，同比分别下降 63%和 54.4%。累计方面，2019 年 1～11 月，中国新能源汽车产销量分别完成 109.3 万辆和 104.3 万辆，同比分别增长 3.6%和 1.3%。

二、上海大众发展状况分析

成立于1985年的上海大众汽车有限公司(简称上海大众)是一家中德合资企业,双方投资比例各为50%。公司总部位于上海安亭国际汽车城,占地面积333万平方米。上海大众南京分公司(2015年)为第四个整车生产基地,位于南京市江宁经济技术开发区,占地面积63.5万平方米。上海大众具备年生产六十余万辆车的能力,是国内规模最大的现代化轿车生产基地之一。基于大众、斯柯达两大品牌,公司(2015年)拥有桑塔纳,桑塔纳Vista志俊,帕萨特,波罗,途安,Lavida(朗逸)和Octavia(明锐)、Fabia(晶锐)、Superb(昊锐)八大产品品牌系列。

上海大众在未来发展中面临的困难和问题不可小觑。

(1) 市场规模状况。随着中国经济的可持续发展,人均GDP、城镇人均可支配收入的增长促使居民对汽车的消费能力大幅提升。为了应对居民的需求,国家实施了一系列政策扶持国内汽车行业,使得汽车产业进行了结构调整,销售量有所上升。上海大众自1985年建立以来,至2022年,经过30多年的滚动发展,已在国内汽车行业占据了一席之地。

上海大众的发展现状除了人均GDP、城镇人均可支配收入增长所带来的乐观一面外,也有消极的一面。自2001年中国加入世界贸易组织后,关税降低,中国汽车市场走向国际,市场竞争日趋激烈。另外,现在国际石油价格不断调整上涨,这对汽车的研发有了更高的要求,也直接影响着汽车的销量。具体情况如图4-1所示。

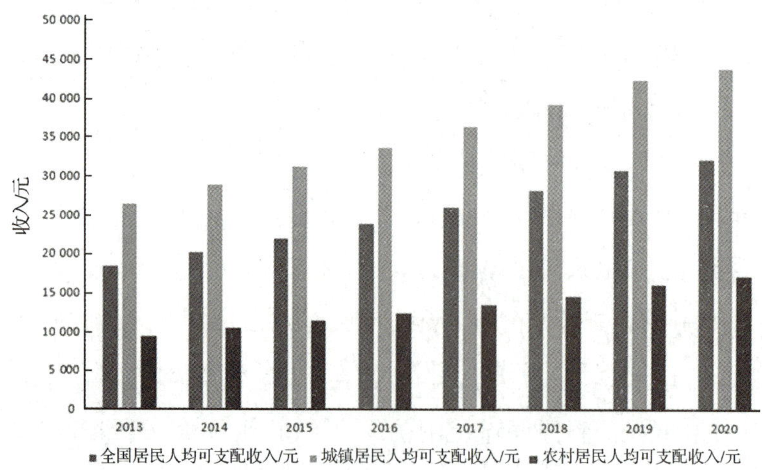

图4-1　2013—2020年中国居民人均可支配收入变化情况

(2) 竞争激烈,同类产品较多。随着消费市场的壮大,竞争也白热化了。不仅有高档汽车宝马、奥迪、奔驰、英菲尼迪抢市场,还有比亚迪、奇瑞等中低档国产车抢市场。而同档类型的车竞争对手也众多,其中上海通用就是上海大众的最强劲对手。

(3) 油价上升,驾驶成本增加。2015 年,国际原油期货价格大幅下跌,主要由于美国页岩油产量大增,沙特阿拉伯与俄罗斯也加入了扩充的阵营,加剧了供应端压力,使得油价高位回落,油价短期已经进入下行通道。2016 年,国际原油期货价格达到低点后,价格开始回升,主要由于全球主要产油国与组织间达成了减产协议。2017—2019 年,国际原油期货价格总体呈现波动变化趋势,大体维持在 50～70 美元/桶。2020 年一季度,受新冠肺炎疫情影响,全球原油需求量大幅减少,导致供给与需求端失衡,国际原油期货价格陡然下降。随后石油输出国组织(OPEC)和俄罗斯等世界主要石油生产国达成减产协议,国际原油价格开始走高。截至 2021 年 4 月,国际原油期货的平均价格为 60.95 美元/桶,逐渐恢复至新冠肺炎疫情前水平。2018 年至 2021 年 4 月国际原油期货平均价格走势如图 4-2 所示。

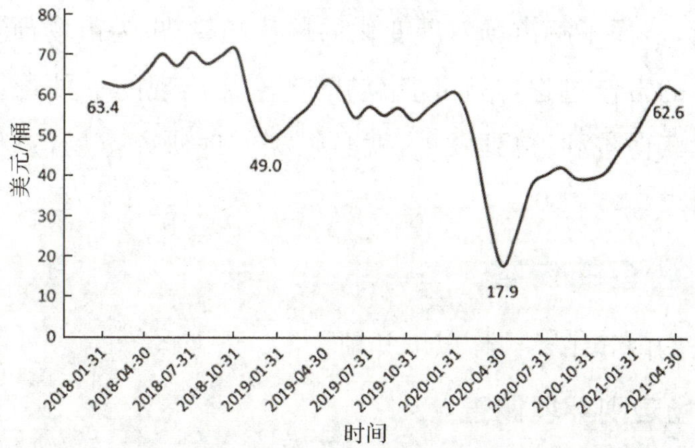

图 4-2　2018 年至 2021 年 4 月国际原油期货平均价格走势

(4) 国家政策影响。实施国五标准将使汽车厂商面临技术升级、调整核心技术、升级发动机燃油系统和尾气排放系统的挑战。最直接的影响是发动机成本将增加,提高尾气排放技术也需要厂商投入大量研发成本,这无疑会增加整车的成本压力。

(5) 市场需求多样化。汽车产业的竞争力表现在性价比上，取决于汽车的创新能力与研发能力。东南汽车总经理左自生表示，中国汽车市场细分化趋势越来越明显，且个性化、高端化趋势明显，国内汽车市场已经从入门时代走到了升格时代。第一批消费汽车的人，多数有一个成功的职业生涯，他们的消费会瞄准B级车、豪华车及SUV。

在激烈的竞争中，市场调查和预测贯穿于企业日常经营活动的始终，其作用也越来越重要。市场调查与预测工作得到了越来越多的企业，特别是一些优秀企业的重视。

任务一　认识市场调查

一、市场调查的定义

微实训
农产品市场调查问卷

市场调查就是运用科学的方法，系统地收集、记录、整理和分析市场信息资料，从而了解市场发展变化的现状和趋势，为市场预测和经营决策服务的工作过程，是伴随市场的产生而出现的一种管理活动。企业要想获得盈利、得到发展，就必须深入地研究市场，考察市场各主体的需求。

二、市场调查的内容

市场调查的内容主要包括以下几项。

（一）市场宏观环境调查

市场宏观环境是由自然、经济、社会、文化、政治、法律等基本因素构成的外部环境，是独立于企业以外的、企业不可控的因素。企业只有在了解它们的基础上去适应它们，才能取得经营的成功。对市场宏观环境的调查包括以下几个方面。

1. 政治环境

对政治环境的调查主要是了解政府有关政策、方针的具体内容，如在一定历史时期工农业生产发展的方针政策、物价政策、工资政策、对外贸易政策等。

2. 法律环境

对法律环境的调查主要是了解与企业生产经营活动相关的法律法规，如《中华人民共和国合同法》《中华人民共和国环境保护法》《中华人民共和国商标法》《中华人民共和国消费者权益保护法》等。

3. 经济环境

对经济环境的调查主要是对工农业生产状况、经济发展水平、自然资源和能源的开发及供应状况、进出口产品的数量及其变化情况、税收和银行利率及其变动情况、消费水平与消费结构、就业率、经济政策等的调查。

4. 人口环境

人口调查的具体内容主要包括人口总数、年龄结构、性别结构、收入结构、地理分布、家庭结构、受教育程度、职业等。

5. 文化环境

对文化环境的调查主要是对消费者文化背景、教育水平、民族与宗教状况、风俗习惯、社会心理等的调查。

6. 自然环境

自然环境一般包括自然资源、地理与气候环境等方面的内容。

（二）市场微观环境调查

市场微观环境调查是指企业为达到一定的营销目的，在特定范围内对选定的专题所进行的调查，主要包括以下几个方面。

1. 目标市场调查

目标市场调查主要包括对市场占有率、市场容量、市场变化趋势的调查。

2. 产品研究调查

产品研究调查是指对新产品的开发、测试，对现有产品的研发、诊断和改造等内容的调查。首先，需要了解消费者对产品使用（试用）的感受，如了解消费者对产品外观、功能、包装、设计、价格等各个属性的评价；其次，需要了解消费者对各种属性水平组合的偏好；最后，在以上调查的基础上，通过定量分析，寻找产品属性间的最佳组合，并估计产品的预期市场占有率及现有产品的市场份额。

3. 产品实体调查

产品实体调查是指对产品本身的性能、质量、规格、品种等因素的调查。企业通过这方面的调查，就可以生产、销售各种规格、样式、品位和颜色的产品来满足消费者的不同要求。

4. 企业和品牌调查

企业和品牌调查包括企业和品牌的知名度、好感度研究，企业和品牌的认知程度和认知途径研究，企业和品牌的各项指标研究，对新品牌和新企业的名称、商标相关设计的评价和喜好，品牌的管理和品牌力的测试，有时还可能涉及品牌使用者形象的确认研究，等等。

5. 消费者调查

消费者调查是企业市场调查的主要内容，主要包括购买行为、使用行为、价格敏感度等几项内容。购买行为包括“6W”和“2H”，即买什么(what)、为什么买(why)、购买者是谁(who)、何时购买(when)、购买地点(where 1)、产品信息的来源(where 2)、购买量(how 1)、如何决策(how 2)。使用行为包括消费者使用产品的经验、方式、满意度等内容。价格敏感度是指消费者对产品和服务定价高低的接受程度及对价格变动的敏感程度。

微课
6W2H在消费者购买反应中的应用

6. 销售和促销调查

销售和促销调查涉及产品推广过程中的多个环节的调查与预测，包括销售渠道和销售方式的调查与预测、广告调查与预测、媒介调查与预测、公众关系和公共形象研究等。概括地讲，销售和促销调查主要包括销售渠道的调查、促销调查、销售服务的调查。

7. 竞争对手状况调查

竞争对手状况调查的主要内容包括了解竞争对手的总体状况，如竞争者数量、竞争者的企业性质、竞争者的分布、潜在竞争者等；了解主要竞争对手的竞争能力，如竞争者的规模和技术水平、产品和服务情况、市场占有率、产品质量、拥有的资金等；了解主要竞争者的经营战略与策略，如产品策略、价格策略、渠道策略、促销策略等；了解竞争者的发展新动向；了解竞争对手的产品质量和本企业的差距；了解消费者对竞争对手产品的认可程度和对本企业产品的认可程度。

三、市场调查的分类

市场调查按照不同的标准可以有不同的分类方法，常见的有以下几种分类方法。

（一）按研究目的分类

按研究目的不同，市场调查可分为探测性调查、描述性调查、因果性调查、预测性调查。

1. 探测性调查

探测性调查是指当市场情况不是十分明朗时，为了发现问题、找出问题的症结、明确进一步调查的具体内容和重点而进行的非正式调查。

探测性调查的范围可大可小，事先不需要进行周密的策划。在研究过程中，企业可根据情况随时进行调整。探测性调查一般通过收集二手资料或请教一些内行、专家，让他们发表自己的意见，谈自己的看法，或参照过去类似的实例来进行，多以定性研究为主。常见的方法有专家咨询或调查、试点调查、个案研究、二手资料分析、定性研究等。

2. 描述性调查

描述性调查是指调查员在事先已对所需调查的问题有所了解，但缺乏完整的认识时所采取的一种调查方法。描述性调查侧重于对市场状况特征的客观反映，调查的功能是回答市场中诸如“是什么”“何时”“何地”“如何”“怎样”等问题。

描述性调查是市场调查中的主要方法，常用的调查手段有二手资料分析法、抽样调查法、固定样本连续调查法、观察法、模拟法等。

3. 因果性调查

因果性调查是指调查的功能和目的为识别与发现变量之间因果关系的调查方法。在市场活动中，不同因素之间会互相制约、互相影响。我们一般将被影响一方的因素定义为因变量，影响其他因素变化的一方定义为自变量。因果性调查就是要探明某些自变量的变化对相应因变量的影响，从其因果关系中找出营销决策的依据。这项工作要求调研人员对所研究的问题有相当丰富的知识，能够判断一种情况出现时另一种情况发生的可能性，并能说明其原因。

4. 预测性调查

预测性调查是指为了推测市场未来的变化情况而进行的市场调查。这种调查是有预见性的，是通过对市场现实情况的调查来预测市场未来发展趋势，为经营决策和市场营销决策提供依据。企业通常会用一些预测模型来进行定量预测，用德尔菲法来进行定性预测。

总之，调查性质不同，企业所采用的调查方法也不同，对所收集的资料进行分析时也会有所侧重，如探测性调查侧重定性研究、预测性调查侧重定量研究。

（二）按调查时间的连续性分类

按调查时间的连续性不同，市场调查可分为经常性调查和一次性调查。

1. 经常性调查

经常性调查是指在选定调查的课题和内容之后组织进行长时间不间断的调查，以收集具有时间序列性的信息资料。例如，对企业产品产量、材料消耗量、商品销售量等内容的调查，就需要采用经常性调查。

2. 一次性调查

一次性调查又称临时性调查，是为了研究某一特殊问题而进行的一次性市场调查。例如，对人口数、在校学生数、产品库存量等内容的调查，就需要采用一次性调查。一次性调查既可以是定期调查，也可以是不定期调查。

（三）按调查的组织形式分类

按调查的组织形式不同，市场调查可分为专项调查、连续性调查和搭车调查。

1. 专项调查

专项调查是指受某个客户的委托，针对某些问题进行的一次性调查，即从给定的总体中一次性地抽取样本进行调查，并且只从样本中获取一次性信息。专项调查研究可以是定量的，也可以是定性的。

2. 连续性调查

连续性调查是指对一个（或几个）固定的样本进行定期、反复的调查。样本中的被调查对象（人或单位）一般不随调查时间的变化而变化。例如，消费者固定样本组或其他固定样本组调查、连续的跟踪研究和品牌测量、零售调查研究、连续的媒体研究都属于连续性调查。

3. 搭车调查

搭车调查是指多个客户共同利用一个样本进行调查，就像大家一起搭乘一辆公共汽车一样，并根据各个客户搭车调查问题的个数和类型来决定客户的费用。一般有搭车调查业务的公司，每年实施搭车调查的时间和价格都是固定的，如每月实施一次或每周实施一次。搭车调查的实施一般都是固定的，因此搭车调查经常被归入连续性调查范畴。但要注意的是，搭车调查每次所用的样本不一定完全相同。

（四）按调查的对象分类

按调查的对象不同，市场调查可分为消费者调查和非消费者调查。

1. 消费者调查

在消费者调查中，调查的对象是购买商品的消费者，或者是有可能购买、使用商品的潜在消费者。

2. 非消费者调查

非消费者调查是指对消费者以外的其他对象的调查，包括对企业职员的调查，对政府或企业领导者的调查，对新闻记者的调查等；还可能包括对诸如零售店、百货商店、工厂、银行等单位或企业的调查。

（五）按调查分析的方法分类

按调查分析的方法不同，市场调查可分为定量调查和定性调查。

1. 定量调查

定量调查是利用现有的数据资料，通过统计方法和数学模型来说明市场的发展趋势。

2. 定性调查

定性调查是根据已有的历史资料和现实资料，依靠个人的判断能力和综合分析能力，对市场未来的变化趋势做出估计。

任务二 探寻市场调查的过程与方法

一、市场调查的过程

案例
招聘农民工住房状况调查员

市场调查的过程应按照调查内容的繁简程度，调查的时间、地点、预算、手段，以及调查人员的学识、经验等条件具体确定。一般来说，正式的市场调查大体上可分为三个阶段，即市场调查的准备阶段、市场调查的实施阶段，以及调查资料整理、分析与报告撰写阶段。其中，每个阶段又包括若干个具体步骤。

（一）市场调查的准备阶段

市场调查的准备阶段是市场调查工作的开始。这一阶段的主要工作是对所要进行的市场调查课题进行非正式的摸底。市场调查的准备工作一般包括以下几个步骤。

1. 确定市场调查目标

确定市场调查目标是指确定为什么进行市场调查，调查的主题是什么。调查目标的确定需要制定者具有很好的洞察力和创造力。对一些暂时难以确定的调查目标，可以先进行一般性的初步调查即探测性调查，如举行一次小组座谈会或收集文案资料等。

确定问题与调研目标①

某航空公司在决定进行一项关于在飞机上提供电话服务的调研活动时，首先提出“去探求你能够发现的空中旅客所需要的一切”。结果，航空公司可能得到大量不需要的信息，而实际需要的信息却得不到。后来公司又提出：“探求是否有足够的乘客在某航线的飞行中愿意使用电话，使这项服务不至亏损。”营销人员可能认为，如果这项服务能增加新乘客，那么不是可以从机票中盈利吗？最后公司又提出：“如果这项服务成功了，竞争者的模仿速度是多少？”然后据此确定以下的特定研究目标：乘客在航行期间通电话的主要原因是什么？哪些类型的乘客喜欢在航行中打电话？有多少乘客可能会打电话？各种层次的价格对乘客有何影响？这一新服务会增加多少新乘客？这项服务对公司的形象会产生积极影响吗？电话服务和其他因素（如航班次数、食物和行李处理等）相比，其重要性如何？

2. 拟订调查方案和调查工作计划

调查方案是对调查的具体设计，包括确定调查目的和要求、调查对象、调查内容、调查方法、抽样方法等。调查工作计划是对某项调查的组织领导、人员配备、完成时间、工作进度、费用预算等的预先安排，目的是使调查工作能够有计划、有秩序地进行，以保证调查方案的实施。调查方案和调查工作计划各有不同的作用。大型市场调查需要调查方案和调查工作计划；一些小型市场调查可以

① 吴健安，聂元昆. 市场营销学[M]. 5版. 北京：高等教育出版社，2014.

合二为一，统一制订调查方案和制订调查计划。

市场调查的准备阶段需要确定的主要内容有以下几点：

(1) 调查目的。调查目的需要说明本次调查的背景，所要研究的问题和备选的各种决策，该项调查结果可能带来的社会效益、经济效益或理论研究方面的意义。

(2) 调查项目。调查项目是为取得调查资料而设置的，是表明调查对象特征的各项标志。

(3) 调查方法。调查方法是取得资料的方法，包括文案调查法和实地调查法。其中，实地调查法又包括访问法、观察法、实验法等。

(4) 调查内容。调查内容包括样本数量、抽样方法、调查地点的确定，调查对象的选择等。

(5) 调查人员。调查人员是指参加市场调查的人员及其应具备的条件，一般是针对某一特定项目对市场调查人员进行培训。

(6) 调查的进度和经费预算。在安排计划调查的进度时，一般要详细地列出完成每一步骤所需的时间和起止的时间。在进行经费预算时，要将可能需要的费用尽可能考虑全面，以免出现一些不必要的麻烦而影响调查进度。申请调查费用的原则是节约、有效，即在调查费用有限的情况下，力求取得最好的调查效果，或者说在保证实现调查目标的前提下，力求调查费用最省。

（二）市场调查的实施阶段

市场调查的实施阶段是市场调查资料的收集阶段，其主要的任务是设计调查问卷，组织调查人员深入实际，按照调查方案的要求和调查工作计划的安排，有组织地、系统地、细致地收集各种资料数据。

市场调查资料的收集阶段是耗费人力、财力最多，但又是最容易产生调查误差的阶段。

市场调查的实施阶段包括以下两个步骤：

(1) 对调查人员进行培训，让调查人员理解调查计划，掌握调查技术和与调查目标有关的经济知识，以及提供有针对性的问卷培训等。

(2) 实地调查。调查人员按计划规定的时间、地点及方法，实地收集有关资料，不仅要收集现成的资料，也要收集原始资料。实地调查首先要按照调查计划书或问卷的要求选择调查对象，然后按顺序进行访问。访问结束后还要对调查工作按一定的比例进行复核。复核的目的在于对访问工作进行检查，对调查计划书或问卷中不清楚或不明确的地方进行再确认。实地调查的质量取决于调查人员的素质、责任心和组织管理的科学性。

（三）调查资料整理、分析与报告撰写阶段

调查资料整理、分析与报告撰写阶段包括以下几个步骤：首先，由市场调查人员对问卷资料进行统计处理（编码、数据录入、数据运算、输出结果等）；其次，由市场分析人员对数据结果进行分析；最后，由研究者撰写市场调查报告。

由于市场调查获得的资料大多数是分散的、零星的，因此，这个阶段的工作要求调查人员拥有巨大的耐心，进行细致的审核、订正、分类、汇总工作；要求统计分析人员具有较高的专业技术水平，对收集的信息善于归纳分析、去伪存真，能够从现象上升到本质。

这一阶段的最后环节是撰写市场调查报告。市场调查报告是市场调查成果的最终体现，是调查人员与企业沟通的重要渠道，也是评价调查工作的主要依据。调查报告要尽可能简明扼要、清楚易懂。调查报告主要由引言、正文、结论与附件四部分组成，其基本内容包括开展调查的目的、被调查单位的基本情况、所调查问题的事实材料、调查分析过程的说明，以及调查的结论与建议等。

二、市场调查的方法

案例
观察调查法的小案例

企业对营销环境开展调查，先要明确市场调查的方法——主要有第一手资料调查法和第二手资料调查法。企业在选择市场调查方法中，应注意每种调查方法的特点和适用条件。在设计调查方案时，企业应保证方案的可行性、经济性等。在整个信息收集整理的过程中，企业一定要保持科学求实的精神，并根据收集到的信息的特点，选择合适的预测方法进行预测。

（一）第一手资料调查法

第一手资料又称原始资料，主要是指调查者从被调查者处直接收集到的有关消费需求、消费结构、市场竞争等方面的信息资料。第一手资料收集的方法包括访问法、观察法、实验法、抽样调查法、问卷调查法等。

1. 访问法

访问法又称询问调查法，是调查者向被调查者提出问题，通过被调查者的口

头回答或者填写调查表等形式来收集市场信息资料的一种方法：

（1）根据访问内容是否有统一的设计分类，访问法可以分为标准化访问法和非标准化访问法。

① 标准化访问法。标准化访问法又称结构性访问法，是指按照统一设计的、有一定结构的问卷所进行的访问调查方法。这种访问法把问题进行了标准化，如事先拟好了题目、问题顺序和谈话用语，并按一定的方式进行询问。

② 非标准化访问法。非标准化访问法又称非结构性访问法，是指事先不预定表格，也不按固定的问题顺序去问，调查者可以就某些问题与被调查者进行自由交谈，以了解某些准备研究的心理问题的访问调查方法。这种访问方法适合于探索性研究。

（2）根据调查者与被调查者交流方式的不同，访问法可分为直接访问法与间接访问法。

① 直接访问法。直接访问法就是调查者通过与被调查者面对面的访谈来收集资料的调查方法。调查者可以走到被调查者中间就地进行访问，或者将被调查者请到自己安排的地点，然后再进行访问。这种方法有助于研究者更加准确地解释访谈内容的意义。

② 间接访问法。间接访问法是指双方不直接见面，通过电话、计算机等工具进行信息交流的调查方式。该访问方法可以减少奔波之苦与长途旅行的经济负担，但是了解的信息往往比较有限。

（3）根据一次访问人数的多少进行分类，访问法可分为个别访问法和集体访问法。

① 个别访问法。个别访问法是由一名调查者和一名被调查者所构成的访问方法，适合于调查某个特定个体，以便调查者了解带有隐私性、隐蔽性的情况，做深入的研究。

② 集体访问法。集体访问法是由一至三名调查者和两名以上的被调查者所构成的访问方法，适合于了解某个群体情况和想法的调查。

（4）按访问内容传递方式的不同，访问法可分为面谈访问法、电话访问法、邮寄访问法、网上访问法、留置访问法、日记调查法等。

① 面谈访问法。面谈访问法就是调查者按照调查目的的要求，按事先规定的方法选取适当的被调查者，然后根据问卷或调查提纲进行面对面的直接访问

的方法。按照选取访问对象的方法及访问地点的不同，面谈访问法又可分为入户访问法、街头拦截访问法、神秘顾客访问法等。其特点是回答率高、具有较强的灵活性、调查资料的质量比较好、调查对象的适用范围比较广等。

② 电话访问法。电话访问法是指调查者通过电话对被调查者进行询问来收集市场信息资料的一种方法。电话调查的抽样方法一般按照随机拨号的方式进行，即利用已有的电话号码簿作为抽样框，借助随机的数字表，随机地选取拨打号码，或采取等距抽样的方法从电话簿中抽取拨打号码。这种方法适用于对热点问题、突发性问题、特定问题和特殊群体的调查，也适用于对比较固定的企业客户的调查。

③ 邮寄访问法。邮寄访问法是指将问卷通过邮局寄给选定的调查对象，并请求调查对象按照规定的要求和时间填写问卷，然后寄回调研机构的调查方法。

微课
网络市场调研的方法

④ 网上访问法。网上访问法又称网络市场调查法或联机市场调查法，是指利用互联网作为技术载体和交换平台进行调查的一种方法，主要包括电子邮件调查、网上焦点座谈、使用 BBS 电子公告栏或合作方式进行网络市场调查。网上访问法兼有电话访问法和邮寄访问法的特点，但要求被调查者有计算机并经常上网。

⑤ 留置访问法。留置访问法是指调查者将问卷当面交给被调查者，说明填写的要求，并留下问卷，让被调查者自行填写，并定期回收的一种调查方法。

⑥ 日记调查法。日记调查法又称固定样本连续调查法，是指调查单位发放登记簿或笔记本，由被调查者逐日、逐项记录，再由调查人员定期加以整理汇总的一种调查方法。这种方法一般适用于了解收听率、收视率、消费情况、产品使用情况、物价变化等。

2. 观察法

观察法是指调查者凭借自己的眼睛或记录工具，深入调查现场，记录正在发生的市场行为或市场现状，以获取各种原始资料的一种调查方法。采用观察法时，被调查者处在自然状态下，而调查者通过眼看、耳听、手记等方式直接观察被调查者的表现来收集材料。

按照不同的划分标准，观察法可以分为不同的类型。

（1）按观察时间周期的不同，观察法可分为连续性观察法和非连续性观察法。

① 连续性观察法。连续性观察法是指在比较长的一段时间内，对被观察对象连续做多次、反复观察的调查方法。连续性观察法适用于对动态性事件的观察，可以定期进行，也可以不定期进行，如观察某种植物从花开到花落的情况。

② 非连续性观察法。非连续性观察法不同于连续性观察法，其只是在较短时期内的一次性观察的调查方法，一般适用于对过程性、非动态性事件的观察，如观察消费者在零售店的购买过程。

(2) 按观察所采取方式的不同，观察法可分为公开性观察法和掩饰性观察法。

① 公开性观察法。公开性观察法是指被观察者了解市场调研的真正目的，知道自己处于被观察状态的调查方法。在这种方式中，观察者的公开出现容易影响被观察者的行为，会导致观察数据的偏差。如果被观察者知道他们正在被观察，他们的行为就可能会与平常的行为有所不同。观察者的言谈举止会潜在地造成偏差。

② 掩饰性观察法。掩饰性观察法是观察者在不为人所知的情况下，观察被观察者的行动过程的调查方法。例如，观察者作为神秘人去企业观察被观察者的情况，直接观察、记录，以取得必要的信息。掩饰性观察法最常用的形式是在单面玻璃后面观察人们的行为，如观察消费者对产品和广告的评价。被观察者在没有意识到自己正在受到观察的情况下，会进行正常活动。一般来说，市场观察多数采取掩饰性观察法，以使获取的信息资料更加真实、客观。

(3) 按调查者扮演角色的不同，观察法可分为参与性观察法和非参与性观察法。

① 参与性观察法。参与性观察法是指观察者加入被观察者群体并成为其中的一员，直接与被观察者接触以收集有关资料的调查方法。

② 非参与性观察法。非参与性观察法是指调查者不改变身份，而是以局外人的身份从外围现场收集资料的一种调查方法。非参与性观察法一般适用于描述市场状况而不追究其原因的市场调查。

小案例

神秘购物者①

美国一家饭店的老板抱怨最近顾客明显减少，于是邀请了一位神秘购物者去他的饭店“用餐”。神秘购物者走进饭店，点了几个法国菜和主食后开始频频看表，计算服务员从拿菜单到将菜端到桌上共花了多长时间。同时，他还顺便观察饭店里的其他情况。他发现自己坐的餐桌上尽管放着一些用于盛各类开胃小零食的碟子，可早已空空如也。按理说，服务员应当立即将开胃小零食补上或者将空碟子端走，可他们并没有这么做。于是，神秘购物者将这一切都默默地记录了下来，再看看手表，已经过去了很长一段时间，而所点的饭菜仍不见端上来。就餐之后，神秘购物者将自己在饭店的所见所闻写成报告，并提出改进建议，转交给了这家饭店的老板，由此得到了丰厚的报酬。

别人出钱去让你挑毛病，是否觉得不可思议？这就是风行美国各地的神秘购物者的职业生活。

纽约SRRSE神秘购物公司规定，神秘购物者每天至少上街“购物”一次，每次的报酬为15美元，每周工作40小时，一年收入大约3万美元。

（4）按调查者对观察环境施加影响的程度，观察法可分为人工观察法和非人工观察法。

① 人工观察法。人工观察法又称直接观察法，是指调查者在调查现场有目的、有计划、有系统地对被调查者的行为、言辞、表情进行观察记录，以取得第一手资料的调查方法。它最大的特点是一直在自然条件下进行，所得材料真实生动，但也会因为被调查者的特殊性而使观察结果流于片面。

② 非人工观察法。非人工观察法又称测量观察法，是指观察者不直接观察被观察者的行为，而是通过一定的仪器来了解被观察者的行为的痕迹的调查方法。在某些情况下，用机器代替人员观察是可行的，得到的数据结果也可能更准确。在特定的环境下，机器可能比人员更便宜、更精确、更容易完成工作。例如，交通流量的统计，用机器进行非人工观察肯定比人员的直接观察更为准确，价格

① 杨继峥，郑佳美. 市场调查[M]. 北京：高等教育出版社，2015.

更低廉，结果也不会出现人为造成误差的情况。

3. 实验法

实验法也称实验调查法，是指从影响调查问题的许多因素中选出一至两个因素，按照一定的实验假设，通过改变某些实验环境的实践活动来认识实验对象的本质及其发展规律的调查方法。

(1) 实验法的实施过程。实验法的实施过程具体如下：

第一步，确定实验方法和组织形式，拟订实验计划。

第二步，根据实验目的，拟订实验题目，准备用具，设计表格，统一标准，设法控制实验因素，使重要因素不变化或少变化。

第三步，实验的实施阶段。在实验过程中要做精确而详尽的记录，在各阶段中要做准确的测验。为了排除实验的偶然性，可反复实验多次。

第四步，处理实验结果。市场现象与自然现象相比，随机因素、不可控因素更多。政治、经济、社会、自然等各种因素都会对市场发生作用，因而必然会对检验结果产生影响。在实验结束后要考虑各种因素的作用，慎重核对结论，力求排除偶然因素的作用。

(2) 实验法的分类。按照不同的划分标准，实验法可以分为不同的类型。

① 按照实验环境的不同，实验法可分为实验室实验法和现场实验法。

a. 实验室实验法。实验室实验法就是在受人工控制的环境中进行实验，实验者对实验环境实行完全有效控制的调查方法。例如，在某种特别设计的模拟商场里，请一些顾客在观看相关广告以后再购买商品，以观察其购买行为。在实验室实验中，研究人员可以进行严格的环境控制，使实验容易操作，耗时短、费用低。

b. 现场实验法。现场实验法是指在现实情况下进行实验的调查方法。在自然的、现实的环境中进行的实验，实验者只能部分地控制实验环境的变化。在社会领域里大多采取现场实验法，因为此时面临的是相对真实的环境变化，其调查结论具有更好的可行性和应用性。

② 按照实验要素或程序的不同，实验法可分为标准化实验法和非标准化实验法。

a. 标准化实验法。标准化实验法是指实验要素齐全、实验程序完整的实验调查方法。

b. 非标准化实验法。非标准化实验法是指实验要素基本具备但不够齐全，实验程序基本符合但不够完整的实验调查方法。

③ 按照实验对象和实验者对实验是否知情，实验法可分为单盲实验法和双盲实验法。

a. 单盲实验法。单盲实验法是指不让实验对象知道自己正在接受实验，只有实验者知道正在进行实验的调查方法。

b. 双盲实验法。双盲实验法是指不让实验对象和实验者双方知道正在进行实验，而由第三方实施实验激发和实验检测的调查方法。

采用这两种方法进行实验，一般能避免主观心理预期对实验效果评价的不利影响。

④ 根据实验方案是否设置对照组或对照组的多少，实验法可分为单一实验组前后对比实验法、实验组与控制组对比实验法和实验组与控制组前后对比实验法。

a. 单一实验组前后对比实验法。单一实验组前后对比实验法是指选择一个或若干个实验组将实验对象在实验活动前后的情况进行对比，得出实验结论的调查方法。在这种方法中，实验前应先对正常市场情况进行测量记录，再测量记录实验后的市场情况，进行事前事后对比，通过对比观察了解实验变化的效果。

b. 实验组与控制组对比实验法。实验组与控制组对比实验法是指在同一时间内对控制组与实验组进行对比的一种实验调查法。在这种方法中，实验组按给定的实验条件进行实验，控制组按一般情况进行。必须注意的是，实验组与控制组应具有可比性，因为只有这样，才能使实验结果具有较高的准确性。

c. 实验组与控制组前后对比实验法。实验组与控制组前后对比实验法是指对实验组和控制组先进行实验前后对比，再将实验组和控制组进行对比的一种双重对比的实验调查方法。这种方法既可考察实验组的变动结果，又可考察控制组的变动结果，有利于消除外来因素的影响，提高实验变量的准确性。

红色咖啡杯的秘密①

一家咖啡屋老板利用人眼对颜色所产生的不同的感觉做了一个实验。他让 30 多位朋友每次都喝 4 杯完全相同的咖啡，但每次盛咖啡的杯子颜色不同，分别是咖啡色、红色、青色和黄色。

① 杨继峥，郑佳美. 市场调查[M]. 北京：高等教育出版社，2015.

试饮后,朋友居然对完全相同的咖啡产生了迥然不同的评价。对于咖啡色杯子里的咖啡,三分之二的人都说"太浓了";对于青色杯子里的咖啡,大部分人认为"既不浓也不淡,正好";对于红色杯子里的咖啡,十人之中有九人说"太浓了"。

咖啡屋老板据此想出了节省咖啡用料的方法——将咖啡屋的杯子一律改用红色。这样不仅节省了咖啡用料,还给顾客留下了特别的印象,因此咖啡屋生意十分兴隆。

4. 抽样调查法

抽样调查法是从调查对象总体中选择若干个具有代表性的个体组成样本,对样本进行调查,然后根据调查结果来推断总体特征的方法。从调查对象总体中抽取样本的技术就是抽样技术。

抽样调查法主要有以下几个步骤:

(1) 确定调查总体。调查总体是指研究者根据一定研究目的而规定的所要调查对象的全体。确定调查总体即明确调查对象的内涵、外延及具体的总体单位数量,并对总体进行必要的分析。如果不确定调查总体,就无法明确样本是谁的部分单位,也无法说明用样本特征所要推断的是谁,当然也无法测定样本指标的误差。

(2) 选择样本框。样本框是指供抽样所用的总体清单,是抽样的实际总体。例如,若从 1 000 名员工中抽出 20 名组成一个样本,则 1 000 名职工的名册就是样本框。样本框一般可以用现成的名单,如户口簿、企业名录、企事业单位职工的名册等。在没有现成名单的情况下,其可由调查人员自己编制。

(3) 确定抽样数量。抽样调查的主要目的是通过样本的情况去估计调查总体的情况。如果样本量太小,抽样误差太大,调查结果就不具有说明总体情况的代表性,失去了定量研究的意义;而样本量过大,又会导致成本支出较高,体现不了抽样调查的优越性。

实施抽样调查法,首先,要选择抽样方式。在一项抽样调查中具体采用什么样的调查方式,要综合各种主、客观因素来考虑,主要依据调查对象总体的规模和特点、调查的性质、样本框资料、调查经费及调查的精度要求等方面来决定。其次,要对选定的样本进行调查,即运用不同的调查方法对抽选的样本进行逐个调查,取得第一手资料。对随机抽样而言,一般不允许随意改变样本或减少样本数,以保证样本资料的准确性与客观性。在这种情况下，调查者可以改变调查策略或方法以实现访问。确实无法访问时，才能改变访问对象。而对于非随机抽样而言，如果遇到原定访问对象不在或不愿接待的情况，调查人员就可以根据主观标准改变访问对象，以达到样本数量标准。最后，要计算样本指标，并推断总体指标。

5. 问卷调查法

问卷又称调查表，是以书面的形式系统地记载调查内容，了解被调查者的反应和看法，以此获得资料和信息的一种载体。问卷主要由一系列问句或选项组成，提供的是一种标准化和统一化的信息收集程序。调查者能够通过问卷收集到被调查者对有关调查主题的意见、态度、信仰，以及过去与现在的行为及理由。

根据不同划分标准，问卷调查法可以分为不同的类别。

（1）根据问卷使用方法的不同，问卷调查法可分为自填式问卷法和访问式问卷法。

① 自填式问卷法。自填式问卷法是指调查者将问卷发给或邮寄给被调查者，由被调查者自己填写的调查方法。

② 访问式问卷法。访问式问卷法则是调查者按照事先设计好的问卷或问卷提纲向被调查者提问，然后根据被调查者的回答填写问卷的调查方法。一般而言，访问式问卷要求简便，最好采用是非选择题进行设计；而自填式问卷由于可以借助视觉功能，在问题的设计上可以相对详细、全面。

（2）根据问卷发放方式的不同，问卷调查法可分为送发式问卷法、邮寄式问卷法、报刊式问卷法、人员访问式问卷法、电话访问式问卷法和网上访问式问卷法。

① 送发式问卷法。送发式问卷法就是调查者将问卷送发给选定的被调查者，待被调查者填答完毕之后再统一收回的调查方法。

② 邮寄式问卷法。邮寄式问卷法是调查者通过邮局将事先设计好的问卷邮寄给选定的被调查者，并要求被调查者按规定的要求填写后回寄给调查者的调查方法。

③ 报刊式问卷法。报刊式问卷法是调查者随报刊的传递发送问卷，要求报刊读者对问题如实作答并回寄给报刊编辑部的调查方法。

④ 人员访问式问卷法。人员访问式问卷法是调查者按照事先设计好的调查提纲或问卷对被调查者提问，然后根据被调查者的口头回答填写问卷的调查方法。人员访问式问卷法的回收率高，因此能设计一些便于深入讨论的问题，但不

便涉及敏感性问题。

⑤ 电话访问式问卷法。电话访问式问卷法是调查者通过电话中介来对被调查者进行访问调研的调查方法。此种问卷法要求简单明了，在问卷设计上要充分考虑通话时间限制、听觉功能的局限性、记忆的规律、记录的需要等因素。电话访问式问卷法一般用于问题相对简单明确但需及时得到调查结果的调研项目。

⑥ 网上访问式问卷法。网上访问式问卷法是调查者在互联网上制作，并通过互联网来进行调查的调查方法。此种问卷不受时间、空间的限制，便于获得大量信息，特别是对于一些敏感性问题，网上访问式问卷相对而言更容易获得满意的答案。

（二）第二手资料调查法

第二手资料调查法又称文案调查法、间接调查法等，是指调查者在充分了解调查目的后，通过收集各种有关文献资料，对现成的数据资料加以整理、分析，进而提出有关建议以供企业相关人员决策参考的市场调查方法。

1. 第二手资料的收集步骤

第一步，辨别所需的信息。任何资料收集的第一步都是辨别能达到调查目的的信息类型。在信息爆炸的时代，可供查阅的资料很多，但关键的问题是，调查者要根据调查的具体需要对这些资料进行辨别和筛选，确定符合自身要求的资料。辨别资料的标准大致有以下几点：一是内容，即所收集的资料是否符合调查的需要；二是水平，即所收集的资料专业深度是否符合要求；三是重点，即所收集的资料针对性是否强；四是准确，即所收集的资料是否可信，与第一手资料的接近程度如何；五是方便，即所需要的资料能否既迅速又省钱地获得。

第二步，寻找信息源。一旦辨别出所需信息，具体的查找工作就可以开始了。开始查找时要假设在某个信息源里已经存在很多所需的信息。尽管调查者不可能发现所有与调查主题有关的资料，但应能有效地使用各种检索工具，如索引、指南、摘要等，以减少查找时间，并且扩大信息量，提高信息价值。

第三步，收集第二手资料。在确定了信息源后，调查者要开始收集所需资料。在记录这些资料时，一定要记录下这些资料的详细来源，包括作者、文献名、刊号或出版时间、页码等，以便在以后需要检查资料的正确性时，自己或其他人也能准确地查到其来源。

第四步，筛选第二手资料。调查者应将收集起来的零散资料进行分类整理，必要时可制成图表来分析比较、检验资料的真伪。对同一数据资料存在两个以上的来源，需要做比较和筛选。资料整理后，调查人员应根据调查的需要，剔除与调查无关的资料及不完整的资料，并分析不完整的资料对调查结果预测、决策的影响程度。

第五步，整理第二手资料。第二手资料调查所涉及的资料种类、格式较多，因此对其进行整理分析是一项核心工作。该项核心工作的基本要求是紧密围绕调查的目的，依据事先制订的分析计划，选择正确的统计方法和指标。这与用其他调查方式获得资料进行分析的方法基本一致。

第六步，给出调查报告。调查报告是所有调查工作的过程和调查成果赖以表述的工具。第二手资料调查报告类似于其他形式的调查报告。

2. 第二手资料收集的来源

第二手资料收集的来源主要可以分为两大类：内部来源和外部来源。

（1）内部来源。内部来源主要来自所调查企业的各经营环节、各管理部门，具体包括以下三个方面的内容：

① 企业职能部门提供的资料，如会计、统计、计划部门的统计数字、报表、原始凭证、会计账目、分析总结报告等。

② 企业经营机构提供的资料，如进货统计、销售报告、库存动态记录、合同签订执行情况、广告宣传效果、消费者意见反馈等。

③ 其他各类记录，如来自企业决策层的各种规划方案、企业自己做的专门审计报告、以往的市场调查报告等。

（2）外部来源。外部来源主要来自被调查企业以外的信息资料，具体包括以下几个方面的内容：

① 政府机构及经济管理部门的有关方针、政策、法令、经济公报、统计公报等。

② 行业协会发表和保存的有关行业的销售情况、经营特点、发展趋势等信息资料。

③ 各种信息咨询机构，如国家信息中心、中国统计信息服务中心所提供的各类统计资料。随着计算机技术应用的普及，数据库联网服务已成为一种必然趋势。市场调查人员可以通过已有的计算机数据库系统进行查询。

④ 其他各种大众传播媒介，如电视、广播、报纸、杂志等，也含有丰富的经济信息和技术发展情况。

⑤ 图书馆是各种文献资料集中的地方，市场调查人员可以充分利用图书馆的资源，获得关于某个特定调查主题的信息资料。

可口可乐：跌入调研陷阱

百事以口味取胜

20世纪70年代中期以前，可口可乐一直是美国饮料市场的霸主，市场占有率一度达到80%。然而，20世纪70年代中后期，它的老对手百事可乐迅速崛起。1975年，可口可乐的市场份额仅比百事可乐多7%；9年后，这个差距缩小到3%，差距微乎其微。

百事可乐的营销策略是：一是针对饮料市场的最大消费群体——年轻人，以“百事新一代”为主题推出一系列青春、时尚、激情的广告，让百事可乐成为“年轻人的可乐”；二是进行口味对比，邀请毫不知情的消费者分别品尝没有贴任何标志的可口可乐与百事可乐，同时将这一对比实况进行现场直播。结果，有80%的消费者回答百事可乐的口感优于可口可乐，此举马上使百事可乐的销量激增。

耗资数百万美元的口味测试

对手的步步紧逼让可口可乐感受到了极大的威胁，它试图尽快摆脱这种尴尬的境地。1982年，为找出可口可乐销量衰退的真正原因，可口可乐公司决定在全国10个主要城市进行一次深入的消费者调查。

可口可乐设计了“你认为可口可乐的口味如何”“你想试一试新饮料吗”“可口可乐的口味变得更柔和一些，您是否满意”等问题，希望了解消费者对可口可乐口味的评价并征询对新口味可口可乐的意见。调查结果显示，大多数消费者愿意尝试新口味可口可乐。

可口可乐的决策层以此为依据，决定结束可口可乐传统配方的历史使命，同时开发新口味可乐。没过多久，比老可乐口感更柔和、口味更甜的新可口可乐样品便出现在世人面前。

为确保万无一失，在新口味可口可乐正式推向市场之前，可口可乐公司又花费数百万美元在13个城市进行了口味测试，邀请了近20万人品尝无标签的新/老口味可口可乐。结果让决策者们更加放心，因此60%的消费者回答说新可口可乐味道比老可口可乐要好，认为新可口可乐味道胜过百事可乐的也超过半数。至此，推出新可口可乐似乎是顺理成章的事了。

背叛美国精神

可口可乐不惜血本协助瓶装商改造了生产线。而且为配合新可乐上市，可口可乐还进行了大量的广告宣传。1985 年 4 月，可口可乐在纽约举办了一场盛大的新闻发布会，邀请了 200 多家新闻媒体参加。依靠传媒的巨大影响力，新可口可乐一举成名。

新可口可乐刚上市一段时间，有一半以上的美国人品尝了它，看起来一切顺利。但让可口可乐的决策者始料未及的是，噩梦正向他们逼近——很快，越来越多的老可口可乐的忠实消费者开始抵制新可乐。

对这些消费者来说，传统配方的可口可乐意味着一种传统的美国精神，而放弃传统配方就等于背叛美国精神，“只有老可口可乐才是真正的可乐”。有的顾客甚至扬言将再也不买可口可乐。

每天，可口可乐公司都会收到来自愤怒消费者的成袋信件和上千个批评电话。尽管可口可乐公司竭尽全力平息消费者的不满，但他们的愤怒情绪犹如火山爆发般难以控制。

迫于巨大的压力，决策者们不得不做出让步，在保留新可乐生产线的同时，再次启用有近 100 年历史的传统配方，生产让美国人视为骄傲的老可口可乐。

任务三　调查问卷的设计

调查问卷也称调查表，是市场调查中必不可少的工具。因此，全面了解问卷内容及其设计技术就显得很有必要。

一、调查问卷的构成

调查问卷一般由开头、正文和结尾三部分构成。

微课
问卷问题的设计

（一）开头

调查问卷的开头主要包括问候语、填表说明和问卷编号。

1. 问候语

设置问候语是为了引起被调查者的重视，消除他们的疑虑，激发他们的参与意识，以争取得到他们的合作。因此，问候语的语气应该亲切、诚恳、有礼貌，内容要能交代清楚调查目的、调查者身份、保密原则及奖励措施等。同时，问候语不能拖沓冗长，以免引起被调查者的反感。

2. 填表说明

填表说明的目的在于规范和帮助受访者对问卷的回答。填表说明可以集中放在问卷前面，也可以分散到各有关问题之前。

3. 问卷编号

问卷编号主要用于识别问卷、访问者、被访者地址等，可用于检查访问者的工作，防止其舞弊，也便于校对检查、更正错误等。

（二）正文

调查问卷的正文一般包括资料收集、被调查者的基本情况、编码三个部分。

1. 资料收集

资料收集部分是问卷的主体，其内容主要包括调查者所要了解的问题和备选答案。

2. 被调查者的基本情况

被调查者的基本情况是问卷正文的重要内容之一。被调查者往往对一部分问题比较敏感，但这些问题与研究目的密切相关，必不可少，如个人的年龄、性别、文化程度、职业、职务、收入，家庭的类型、人口数、经济情况，单位的性质、规模、行业、所在地等，具体内容要依据研究者先期的分析设计而定。

3. 编码

这里的编码是指调查问卷中包含的前编码设计和为后编码设计而预留的位置。

（三）结尾

调查问卷的结尾可以设置开放题，征询被调查者的意见、感受，或是记录调查情况，也可以是感谢语和其他补充说明。

二、调查问卷设计的目标和程序

（一）调查问卷设计的目标

调查问卷设计的目标是使问卷能够顺利、准确、圆满地实现调查目标。具体而言，其目标如下：

（1）使调查者能够顺利发问并顺利记录，以使取得的资料准确、没有偏差。

（2）使被调查者能够充分地理解问题，乐意真实回答并且能够顺利回答，不会出现偏差。

（3）不为取得不需要的资料浪费一个问题，也不遗漏一个问题以致需要的资料残缺不全。

（4）调查问卷在调查工作完成后，能够方便检查（有没有虚假成分和错漏）和整理。

（5）取得的资料要能为统计分析提供方便。

为使调查问卷设计能达到上述目标，设计人员需要有很高的素质。首先，设计人员必须具有丰富的人际交往经验；其次，设计人员必须具有清晰的思路与极大的工作耐心；最后，设计人员必须懂得设计问句的技巧。

（二）调查问卷设计的程序

1. 明确调查主题与所需的资料

市场调查项目的委托人往往只给出一个大致的范围，需要调查机构为之明确调查的主题以及设计调查方法等。设计人员在设计调查问卷时，必须充分了解总体调查项目的主题及采用问卷调查法需要收集哪些方面的材料。

2. 明确调查对象的类型

不同的调查对象具有不同的特点，因此问卷必须针对调查对象的特点进行设计，才能保证问卷的合理性。为此，设计人员在正式进行问卷设计时，应明确调查对象是企业还是个人，是生产商还是经销商，是现实消费者还是潜在消费者等，并掌握各类调查对象的特征。

3. 设计调查问卷

按照调查对象的特点，对收集的资料采用问句形式分为若干题目，以便调查目的的实现。

4. 对调查问卷进行测试

调查问卷设计出来后，设计人员有必要对其进行小范围的测试：首先，必须将调查问卷交给委托单位过目，听取他们的意见，以求全面表达委托人的调查意向；其次，可以在同事中或经挑选的普通用户中进行试答。

三、调查问卷提问项目的设计

调查问卷所要调查的资料，由若干个提问的具体项目（问题）组成。如何科学、准确地提出所要调查的问题，是调查问卷设计中十分重要的一步，对调查质量有着重要影响。

在设计调查问卷提问项目时，设计人员需要注意以下几点。

（一）提问的问题要尽可能短

在调查问卷中，提问的题目太长，不仅会给被调查者的理解带来一定的困难，也会使其感到厌烦，从而不利于其对问题的回答。特别是在访问调查中使用的问卷，提问的题目过长，会使被调查者忘记开头的内容，更不利于其对整个问题的理解和回答。

（二）用词要确切、通俗

1. 用词要确切

调查问卷中的用词一定要保证问题清楚明了。其用词是否确切，具体可按“5W1H”准则加以判断，即 who（谁）、where（何处）、when（何时）、why（为什么）、what（什么事）及 how（如何）。当然，并不是一项提问中必须同时具备这六点。用词具体要注意的问题如下：

(1) 时间一定要清楚。例如：

请问你们家使用什么品牌的电视机？

这个问题中的 who 很清楚，什么(what)是指电视机的牌子，但未表明是过去还是现在(when)，很容易造成回答偏差。因此，可以将此提问修改为：

请问你们家最近一年内使用什么品牌的电视机？

(2) 时间范围一定要清楚。例如：

您最近一段时间使用什么品牌的洗发水？

这里的何时(when)过于笼统，使被调查者不清楚“最近”是指哪段时间，时间范围不明确，因此可改为：

您最近一个月使用什么品牌的洗发水？

(3) 还有许多词，如“一般”“经常”“很多”等都属于过于笼统、含义不确切的词。不同的人可能会有不同的理解，从而造成回答的偏差。

(4) 也有一些问题含义不清或过于笼统。例如：

您觉得这种电视机的画面质量怎么样？

这里的“画面质量”的含义是很笼统的，使被调查者不知道要回答哪些质量方面的问题。可以将此提问改为：

您觉得这种电视机的画面是否清晰？

2. 用词要通俗

由于被调查者的文化程度不同，因此，调查问卷中的用词要通俗，易被人理解，避免使用过于专业的术语。例如：

您是否认为使用数字技术制作的广告更具有吸引力？

有些人可能不知道什么是数字技术，因此无法回答这样的问题。

（三）一项提问只包含一项内容

如果调查问卷在一项提问中包含了两项以上的内容，被调查者就很难回答。例如：

您对这种空调的价格和服务质量是满意还是不满意？

这里包括价格和服务质量两项内容。被调查者一时很难做出判断和回答。所以，可以把它分为以下两个问题：

(1) 您觉得这种空调的价格怎么样？

(2) 您觉得这种空调的服务质量怎么样？

（四）避免诱导性提问

调查问卷中的问题不能带有倾向性，而应保持中立。其词语中不应暗示调查者的观点，不要引导被调查者该做出何种回答或该如何选择。例如：

海尔冰箱连续三年荣居冰箱类销量排行榜首，您觉得它怎么样？

这里已经暗示了海尔冰箱很好，对被调查者的选择具有引导作用，可以改为：

您觉得海尔冰箱的质量怎么样？

诱导性提问容易使被调查者不假思索地做出回答或选择，也会使其从心理上产生顺从反应，从而按提示做出回答或选择。

（五）避免否定形式的提问

在日常生活中，人们往往习惯于肯定陈述的提问，而不习惯于否定陈述的提问。例如，对一种产品新包装的市场调查，不应采用否定形式的提问：您觉得这种产品的价格不合理吗？而应采用肯定形式的提问：您觉得这种产品的价格合理吗？

否定形式的提问会影响被调查者的思维，也容易造成其相反意愿的回答或选择，因此在调查问卷中尽量不要使用否定形式的提问。

（六）避免敏感性问题

敏感性问题是指被调查者不愿意让别人知道答案的问题，如个人收入等。在调查问卷中要尽量避免提出敏感性问题或容易引起人们反感的问题。对于这类问题，被调查者可能会拒绝回答，或者采用虚报、假报的方法来应付回答，从而影响整个市场调查的质量。

对于有些调查，必须涉及敏感性问题的，应当在提问的方式上进行推敲，尽量采用间接询问的方式，用词也要特别委婉，以降低问题的敏感程度。

四、调查问卷问题设计的形式

根据具体情况，调查问卷的问题可以采用不同的形式，主要有以下几种。

（一）开放式问题

被调查者回答这种问题时可以自由回答，不受任何限制。换句话说，开放式问题就是事先不规定答案。例如：

今年国庆节你打算去哪儿度假？

你为什么要到王府井买衣服？

开放式问题的优点是被调查者可以按自己的意见进行回答，不受任何限制，而且调查者可以获得足够全面的答案。其缺点是答案过于分散，不利于统计分析。若是由调查者记录答案，则容易使调查者产生理解误差，使答案与被调查者的本意出现偏差。

（二）封闭式问题

封闭式问题与开放式问题相反，它的答案已事先由调查者设计好，而被调查者只要在备选答案中选择合适的答案即可。封闭式问题又分为两项选择问题和多项选择问题。

（1）两项选择问题。两项选择问题通常会列出性质相反的两种答案。例如：

在未来三年内，你是否准备买车？

A. 是　　B. 否

（2）多项选择问题。多项选择问题通常会列出三个或三个以上的答案。例如：

你购买洗发水通常在（单选）：

A. 超级市场　　B. 杂货店　　C. 百货商店

你购买“飘柔”洗发水的主要原因是（选最主要的两种）：

A. 洗头效果好　　B. 价格便宜　　C. 购买方便

D. 不伤头发　　E. 熟人推荐

封闭式问题的答案都是事先拟订的，因而便于统计分析，同时，也便于被调查者选择，能够节省调查时间。但是封闭式问题也有缺陷，那就是限制了被调查者的自由发挥。他们的答案有可能不在所拟订的答案之中，他们或许会随意选择一种并非真正代表自己意见的答案。因此，在决定采用开放式问题还是封闭式问题前，调查者必须考虑到问题答案的分散程度。如果可能的答案较多，用封闭式问题就会使答案的范围过于狭窄。在实际操作中，调查者通常结合开放式问题与封闭式问题的特点，采用在末尾安排开放式问题的方式来解决这一问题。例如：

你购买洗发水通常在（单选）：

A. 超级市场　　B. 杂货店

C. 百货公司　　D. 其他

在问题的末尾加上答案“D. 其他”，使之成为一个开放式的问题。这样，如果被调查者在前三者以外的地方购买了洗发水，就可以选择答案 D，而不会选择前三者之一。

五、调查问卷问题顺序的设计

为了提高调查问卷的回收率，在设计问卷时，应站在被调查者的角度，顺应被调查者的思维习惯，使问题容易回答。具体来说，在设计调查问卷问题的顺序时，应注意以下几点。

（一）问题的安排应具有逻辑性

在设计调查问卷时，问题的安排应具有逻辑性，以符合被调查者的思维习惯，否则会影响被调查者回答问题的兴趣，不利于其对问题的回答。

（二）问题的安排应先易后难

把简单、容易回答的问题放在前面，复杂、较难的问题放在后面，使被调查者在开始时感到轻松，有能力继续回答下去。如果让被调查者一开始就感到很难回答，就会影响他们回答的情绪和积极性。

（三）把能引起被调查者兴趣的问题放在前面

把被调查者感兴趣的问题放在前面，把比较敏感的问题放在后面，这样可引起被调查者填写问卷的兴趣。如果问卷一开始就设置敏感性问题，就会引起被调查者的反感，让其产生防卫心理，不愿意回答或拒绝回答，从而影响调查效果。

（四）把开放式问题放在后面

被调查者在回答开放式问题时需要一定的思考，因此一份调查问卷中的开放式问题不宜过多，而且开放式问题一般应被放在后面，否则，会影响被调查者填写调查问卷的积极性，从而影响整个问卷的回答质量。

任务四　进行市场预测

市场预测是在市场调查的基础上，组织（一般为企业）或个人根据历史统计资料和市场调查得到的信息，运用科学的预测技术，对未来一定时期内市场的发展变化进行推断和预见，从而得出符合逻辑的结论的活动过程，即“由往知来”。

一、市场预测的内容

（一）市场需求预测

思政材料
老年人与智能技术

市场需求预测是指对在未来一定时期内，某地区购买者在市场上具有货币支付能力的需求的预测。市场需求预测是各级各类预测的基础，无论是对宏观领域的市场预测，还是对微观领域的市场预测，都发挥着积极的作用，同时它还是国民经济综合平衡研究的重要内容。

市场需求预测首先应对影响市场需求变化的人口、收入、储蓄、投资、信贷、价格、经济增长等因素进行分析研究，然后运用定性和定量分析相结合的预测方法，对未来的市场需求走向、需求潜力、需求规模、需求水平、需求结构等做出判断。市场需求预测有消费品需求预测和生产资料需求预测之分，也有全部商品、某类商品和某种商品的市场需求预测之分。一般来说，市场性质和市场层次不同，市场需求预测的内容和方法也有所不同。

（二）市场供给预测

市场供给预测实际上就是对社会生产及其变化趋势的预测。市场供给的预测包括在一定时期和范围内的供应量、供应结构、供应变动因素的预测。市场供应量和供应结构的预测有消费品和生产资料之分，也有全部商品、某类商品和某种商品之分。一般来说，应在市场调查的基础上，运用合适的预测方法对商品的生产量、国外进口量、其他供应量等决定供应总量的变量进行因素分析、趋势分析和相关分析，并在此基础上对市场供应量和供应结构的变化趋势进行预测推断。

（三）市场价格变化的预测

影响商品价格的因素有很多，如劳动生产率、生产成本、利润、市场供求关系、货币价值、货币流通量、国家经济政策等。在商品价格的预测中，要充分研究这些因素对商品价格的影响。例如，劳动生产率和价格成反比关系，劳动生产率提高，商品的价格会随之下降；生产成本的增减变化也会影响商品价格；为了限制或鼓励某些商品的消费，政府会采取一些经济手段和行政手段，辅之法律手段来调节商品价格。另外，商品价格的变动在一定程度上又对市场供求产生影响。

（四）消费需求变化的预测

随着我国市场经济的不断深入，城乡居民的物质和文化生活水平得到了较大的提高，消费需求也相应地发生了变化。消费需求的变化受生产发展、收入水平增长和商品价格、消费者心理与消费观念等因素的影响。在消费需求变化的预测中，应充分考虑各个因素对它的影响程度。

消费者的购买心理是其购买商品的内在动力，是由主客观多重因素决定的。在对消费者进行心理预测时，需按照不同的年龄、职业、地域、收入水平等特征考虑主、客观因素，分别进行预测，为市场决策提供依据。

在消费需求变化预测中，企业要根据消费倾向预测出市场畅销商品的品种、数量，滞销商品有哪些，哪些商品应该改进、更新和换代等。企业根据预测结果决定生产开发新产品的方向和销售计划。

（五）市场占有率的预测

市场占有率是指在一定时期、一定市场范围内，企业所生产的某种商品的销售量占当地市场同一种商品总销量的比例，或者是本企业的商品销售量占当地市场商品销售量的比例。通过对市场占有率的分析，企业能够充分估计自己产品的优势和劣势，从而不断改革创新，采用先进的生产技术和促销手段，提高产品质量和营销水平。

影响企业市场占有率的因素是多方面的。如果想准确地预测企业市场占有率，就应认真分析价格因素、广告媒体因素、商品资源因素和企业在消费者心目中的形象因素等。

二、市场预测的方法

（一）调查法

调查法主要有三种，即购买者意图调查法、销售人员意见综合法和专家意见法。

1. 购买者意图调查法

购买者意图调查法是指调查者通过问卷、访问、座谈等方式，直接对购买者的消费意图进行调查，并将调查结果加以分析和综合进行预测的方法。此方法适用于工业产品、耐用消费品、要求有先行计划的产品的采购和新产品的需求估计。

2. 销售人员意见综合法

销售人员意见综合法是指调查者要求销售人员估计每位现行的和潜在的顾客对公司生产的每种产品的购买量，并将估算结果进行汇总、整合及分析，以对未来的市场前景做出综合判断的一种预测方法。通过此方法，还可以获得按产品、地区、顾客和销售代表细分的销售估计数据。

3. 专家意见法

专家意见法是指企业通过向专家咨询来进行预测的方法。专家包括经销商、分销商、供应商、营销顾问、贸易协会成员、大学教授、公司管理人才、优秀销售人员等。企业可以不定期地召集专家组成一个专门小组进行既定预测。由于专门小组是由具有相关知识和经验且来自多个不同领域的代表性人员组成的，因此通过专家对某一预测项目充分讨论、集思广益之后做出的判断具有一定的准确性、可靠性和前瞻性。专家意见法主要包括头脑风暴法和德尔菲法。

（1）头脑风暴法。头脑风暴法是指通过组织一组专家（通常为 15 人左右）共同开会讨论，进行信息交流和互相启发，从而激发专家的创造性思维，使专家的论点不断精化、集中，并得到最优预测结果的一种预测方法。

（2）德尔菲法。德尔菲法是指按规定的程序，以匿名信函的方式向专家小组成员征询预测意见，而各专家针对所预测事项的未来发展趋势，独立提出自己的估计和预测，把预测意见以信函的方式发给会议组织者。会议组织者审查、整理预测意见后，再将综合的预测结果发给各位专家。各位专家根据综合的预测结果修改自己的预测，再把自己的修改意见发给会议组织者。如此反复，直到最终得出较为一致的专家预测意见。

（二）观察法

观察法是指预测者通过观察目标顾客在真实产品市场中的表现，从而取得数据并进行预测的一种方法。

（三）统计分析法

统计分析法是指预测者利用某种数量统计原理、模型、方法和工具对目标产品的历史统计数据进行处理、分析，从而预测未来需求的一种方法。

（四）类比法

类比法是指预测者将新产品同某种性质相近的产品进行对比分析，依据性质相近的产品的发展变化的规律，来判断新产品未来销售趋势的一种预测方法。例如，依据普通电视机的市场渗透过程来预测高清电视机的市场渗透过程。

（五）市场测试法

市场测试法是指预测者在可信的市场环境中对产品进行测试，以预测未来情况的方法。此方法通常是在上述几种方法不可行或无效的情况下使用的。因此，这种方法特别适用于对新产品的销售预测或为产品建立新的分销渠道或地区的情况预测。例如，将新推出的产品先在北京、上海两地以相同或不同的价格进行销售，一个月后观察结果，进而初步得出价格与销售量之间的关系，从而达到预测的目的。

三、市场预测的步骤

市场预测涉及调查研究、综合分析、计算推断等。一个完整的市场预测，一般都要经过以下几个步骤。

（一）确定预测目标

进行预测，首先必须明确预测的内容或项目。预测的目标关系到预测的一系列问题，包括收集什么资料、怎样收集资料、采用什么预测方法等。

（二）收集、整理资料

资料是预测的基础，所以必须做好资料的收集工作。收集什么资料是由预测的目标所决定的。对收集到的资料，要进行整理、加工和分析，辨别资料的真实性、完整性、可比性和可用性。对不完整、不可比和不适用的资料，要进行必要的推算与调整，对不真实的资料应予以剔除。

（三）选择预测方法

市场预测的方法有很多，各种方法都有其适用范围和局限性。市场预测要想取得较为准确的预测值，就必须正确选择预测方法。选择具体预测方法时，主要应考虑预测的目的、预测时间的长短、占有历史统计资料的多少及完整程度、产品生命周期等因素。

（四）建立预测模型

预测模型是对预测对象发展规律的近似模拟。因此，在资料的收集和处理阶段，应收集到足够的、可供建立模型的资料，并采用一定的方法加以处理，尽量使它们能够反映出预测对象未来发展的规律性，然后利用选定的预测技术确定或建立可用于预测的模型。例如，若用数学模型法，则要确定模型的形式并求出模型的参数；若用趋势外推法，则要确定反映发展趋势的公式；若用概率分析法，则要确定预测对象发展的各种可能结果的概率分布；若用类推法，则要找到可以应用于本预测的历史或他人的经验规律。

（五）评价模型

由于模型是利用历史资料建立的，它们反映的是事物发展的历史规律，所以应根据收集到的有关未来情况的资料，对建立的预测模型加以分析和研究，评价其是否能够应用于对未来实际的预测。如果认为事物在未来的发展将不再遵循预测模型所反映出的规律性，则应舍弃该模型，重新建立可用于进行未来预测的模型。如果没有理由证明模型不能应用于预测未来的情况，这时就可以利用其来进行预测。

（六）利用模型进行预测

根据收集到的有关资料，设计人员利用经过评价所确定的预测模型，就可以计算或推测出预测对象未来发展的情况。这种计算或推测是在假设过去和现在的规律能够延续到未来的条件下进行的。

（七）分析预测结果

市场预测毕竟只是对未来市场供需情况及变化趋势的一种估计和设想，由于市场需求变化的动态性和多变性，预测值同未来的实际值总是有差距的。预测误差产生的原因主要有以下几个：

（1）预测方法选择不当，建立的预测模型与产品实际需求规律不符合。

（2）历史统计资料不完整或有虚假因素。

（3）预测环境或影响预测对象的主要因素发生了重大变化。

（4）预测人员的经验、分析判断能力的局限性。

（八）编写预测报告

预测报告是对预测工作的总结。预测报告的内容包括资料收集与处理过程、选用的预测方法、建立的预测模型及对模型的评价与检验、对未来条件的分析、预测结果及其分析与评价，以及其他需要说明的问题。

（九）输出预测结果

输出预测结果，向有关部门进行汇报。

核心职业能力训练

一、实训目标

1. 了解市场调查问卷表设计的要求和步骤，在此基础上，学会制作一份市场调查提纲和问卷表。

2. 了解资料分析的方法，掌握市场调查报告的标准格式，能够根据所获得的调查资料，进行市场分析、预测，提出建议，并撰写调查分析预测报告。

二、实训设计

1. 教师准备一份完成的调查问卷及调查报告，并布置学生收集资料准备调查方案。

2. 教师提供调查方向供学生选择：消费品市场调查、工业品市场调查、服务市场调查。

3. 班级分成4～6个小组，每个小组8人；学生分组讨论确定调查方向。

4. 对每组学生进行分工。

三、实训方法

项目驱动法、案例分析法、讨论法、调查法。

四、实训准备

1. 学习场地与设施：多媒体教室。

2. 教师准备：案例、工作纸、考核标准、课后练习与实践任务等材料。

3. 学生准备：复习相关知识，提前上网查好相关资料。

五、实训过程

第一步，各项目组根据确定的调查方案，制定调查问卷。

第二步，对问卷中的每一个问题进行审查，进行预判并修订。

第三步，根据调查目标，发放调查问卷。

第四步，回收调查问卷，分析处理问卷结果，完成市场调查分析预测报告。

六、实训评估

（一）学生自评

1. 是否掌握市场调查的流程与方法。

2. 是否明确市场调查问卷的构成。

3. 是否运用了市场预测方法。

4. 小组各成员分工是否合理有序。

（二）综合评估

1. 教师对各小组的表现进行评价打分。
2. 小组互评。
3. 各小组组长对组内成员的表现进行打分。
4. 教师点评和总结相应的知识点。

思考与练习

一 选择题

扫码即可进行在线测试。

二 简答题

1. 市场调查包括哪些内容？
2. 市场调查的方法有哪些？
3. 如何设计调查问卷？
4. 市场预测涉及哪些内容？
5. 市场预测的方法有哪些？
6. 如何进行市场预测？

三 案例分析

扫码阅读案例，完成下面的讨论题。

讨论题

分析案例，说明在市场调研及信息收集方面应注意的问题。

项目五　细分和选择目标市场

学习目标

了解市场细分的标准；

掌握市场细分的步骤；

了解目标市场选择的标准；

掌握目标市场选择的模式；

了解目标市场覆盖战略；

掌握市场定位的策略；

了解目标市场定位的方法。

能力目标

能够根据案例材料为被模拟企业进行市场细分，筛选目标市场，并为企业进行市场定位。

素质目标

在运用市场细分及市场定位策略的同时，了解我国地理、人口等详情，培养爱国情怀。

引导案例

字节跳动如何打造多个活跃度高的App

字节跳动的短视频产品抖音仅上线四年日活便突破6亿。除了抖音，字节跳动旗下还同时运营着数十款产品，从资讯、游戏，到房产、教育等横跨多个领域，其中不乏日活过亿的App。

外界惊讶于字节跳动产品迭代的速度和产品创新的能力，也好奇这家公司有什么保持产品增长的秘密。在一场发布会上，字节跳动详细公开了产品的增长秘诀，并且将这些秘诀转化为可复用的产品对外开放，产品品牌名为火山引擎。这是继推出企业协同工具飞书后，字节跳动在企服赛道的又一次加码。

一款App与用户首次接触的落点，往往是它的名字。同类产品，名字不同，给用户感受也不同，带来的下载转化也大相径庭。字节跳动同时运营着数十款产品，名字都是怎么定下来的？字节跳动副总裁表示，当年做短视频产品，起了很多候选名字，同时也出了一些产品的demo。团队就把这个demo产品起成不同的名字，用不同的logo，在应用商店里，花同样预算、选择同样的位置，测试不同名字对用户的吸引程度，下载转化率等，并且通过这个测试得出了一个排名。以这个排名作为参考，团队选择了排位第二的抖音，原因是觉得这个名字从长期来讲更符合认知，更能体现这款产品的形态。这类测试有个专门的说法，叫A/B测试，包括产品命名、交互设计、算法推荐等等，A/B测试广泛应用于字节做产品的方方面面，算是字节产品增长的秘密之一。

字节跳动的创始人还在写代码的时候，就已经开始做A/B测试了。2014年，这个工具在公司被推广，以得到更广泛使用。到2016年，A/B测试已经变成字节内部一个通用的工具平台。如今，这个经过字节内部反复验证过的产品增长撒手锏，被纳入了火山引擎的服务体系，对外开放。

抖音的同款特效玩法也通过火山引擎开放给外部企业。拿AR试妆来说，过去消费者买口红需要到实体店试色，而利用火山引擎提供的AR视觉特效技术，消费者在手机上就能体验商品，这项技术为一家美妆交易类客户提升了12.6%的购买转化率。火山引擎总经理介绍，字节跳动多项技术能力在火山引擎上组合成统一基础服务、技术中台、智能应用、行业解决方案四层架构。这四层架构包含了A/B测试、智能推荐、增长分析、AR互动创意等60多项单品工具，被统称为“智能增长技术”。这些技术正是字节一次性公开的产品增长秘密。

（资料来源：https://baijiahao.baidu.com/s?id=1702279577835914581&wfr=spider&for=pc，有改动。）

市场需求是千差万别的，任何一个企业都无法满足整体市场的全部需求。因此，企业需要将消费者对某一类产品的需求细分为若干个群体，然后结合特定的营销环境和资源条件选择某些特定群体作为自己的目标市场，并进行目标市场定位。

任务一 市场细分

一、市场细分的含义

市场细分是指以消费者需求的某些特征或变量为依据，区分具有不同需求的消费者群体的过程。某类产品在经过市场细分后，就某一个细分市场而言，消费者需求会具有较多的相似性，而不同细分市场之间的需求会具有较多的差异性。企业应明确有多少细分市场及各细分市场的主要特征。

二、市场细分的标准

（一）消费者市场细分标准

思政材料
14亿人用上电

1. 地理因素

按地理因素细分是指根据消费者所在的地理位置及其他地理变量（包括地形气候、交通运输、人口密度等）来细分消费者市场。按地理因素细分市场的主要理论依据是：处在不同地理位置的消费者对企业的产品有不同的需求和偏好，他们对企业所采取的市场营销战略、产品价格、分销渠道、广告宣传等市场营销措施也各有不同的反应。

2. 人口因素

按人口因素细分是指按照社会各种人口统计变量的特征细分消费者市场。人口因素主要包括职业、性别、收入、年龄、婚姻、受教育程度、家庭生命周期、民族、宗教、社会阶层等。

关于切实解决老年人运用智能技术困难的实施方案

随着我国互联网、大数据、人工智能等信息技术快速发展，智能化服务得到广泛应用，深刻改变了生产生活方式，提高了社会治理和服务效能。但同时，我国老龄人口数量快速增长，不少老年人不会上网、不会使用智能手机，在出行、就医、消费等日常生活中遇到不便，无法充分享受智能化服务带来的便利，老年人面临的“数字鸿沟”问题日益凸显。为进一步推动解决老年人在运用智能技术方面遇到的困难，让老年人更好共享信息化发展成果，国务院办公厅印发了《关于切实解决老年人运用智能技术困难的实施方案》（以下简称《实施方案》）。

《实施方案》指出，解决老年人运用智能技术困难的重点任务包括做好突发事件应急响应状态下对老年人的服务保障；便利老年人日常交通出行；便利老年人日常就医；便利老年人日常消费；便利老年人文体活动；便利老年人办事服务；便利老年人使用智能化产品和服务应用。

（资料来源：http://www.gov.cn/zhengce/content/2020-11/24/content_5563804.htm，有改动。）

3. 心理因素

按心理因素细分是指按照消费者的心理特征细分市场。这些因素主要包括个性、购买动机、价值观念、生活格调、追求的利益等变量。按照上述地理和人口等标准划分的、处于同一群体中的消费者对同类产品的需求仍会显示出差异性，这可能是消费心理因素在发挥作用。

4. 行为因素

按行为因素细分是指按照消费者的购买行为来细分市场。这些因素主要包括消费者进入市场的程度、使用频率、偏好程度等变量。

抖音直播市场前景分析

一方面，抖音通过签约一批网红、MCN（多频道网络）来保证优质内容的持续产出，且成立了服务达人的经纪团队，通过广告等变现手段进行激励；另一方面，抖音则采用相对“去中心化”的机制进行内容分发，通过算法持续挖掘普通用户的爆款内容，维持用户活跃度，保证了用户原创内容的可持续性。随着抖音商城搜索入口的开放、巨量鲁班的普及以及巨量千川的测试投放，我们可以预见字节跳动，也就是抖音的母公司，在整体战略的重心上是偏商业化的。

达人直播在缓慢下滑，企业品牌直播迅速崛起。巨量引擎针对企业提出“4321”计划，即40%的流量通过企业直播完成，30%通过底部主播，20%通过抖音活动，10%通过头部主播。可见企业对自身的建设非常重要。抖音平台“内容＋社交＋电商”的生态闭环已经完成。主播破亿成常态，草根、明星同台竞争，控乱象，强闭环，破亿已经成为普遍现象。现在主流的舆论导向是“选爆款，测爆款”，其本质就是高转化率。很多新品牌的首发平台已经移到了抖音。网红零食、网红拖鞋、网红牙膏层出不穷。抖音电商宣布推出“抖品牌专项扶持计划”，目标是帮助100个新品牌在抖音销售过亿。

抖音企业号发布，官方开始力推企业直播，达人流量开始下滑，多个百万级粉丝量的达人号停播。跟带货达人比，老板或者企业家们，有着极快的响应速度。当然，任何事物都不是十全十美的，做老板IP最大的成本，就是要刚性交付自己的时间。拍视频、做直播，管理团队都要时间，每周10～20个小时的投入，都是常态。

知识IP即将爆发，细心的朋友会发现，抖音原来同城的位置，多了一个“学习”，以分享行业垂直类专业知识为主的账号迎来了春天。为什么知识IP会崛起呢？对未来的预判不是信口开河，而是要靠对未来的严谨分析。那我们可以思考一下，假设一个平台会成为国民级的平台，那么平台的内容会如何演变？最先普及的一定是娱乐性的内容，大家都觉得抖音是个泛娱乐的平台，娱乐化的内容受众面最广，几乎所有人都喜欢看。但是天天看娱乐的内容也会腻，大家还需要“实用内容”。例如，运动后可以喝茶吗？如何做好即兴演讲？最笨的人怎么做好口播视频？在强大的需求呼唤下，知识分享类内容的达人应运而生。这个平台从只有广度，到具备深度，也就是专业内容，粉丝黏性进一步增强。平台也乐于推广这样正能量的达人，往往会给予流量加持，知识分享类的达人会迅猛发展。

（资料来源：http://www.woshiqian.com/post/70000.html，有改动。）

（二）产业市场细分标准

1. 人文变量

人文变量是指人类文化中先进的、科学的、优秀的、健康的符号、价值观及其规范。在产业市场中，人文变量主要包括行业、公司规模、地理位置等。

2. 经营变量

经营变量是指影响企业经营者从事有目的的经济活动而进行筹划、设计与安排等行为的因素，主要包括技术、使用者或非使用者的地位、顾客能力等。

3. 采购方法

采购方法是指企业在采购活动中所运用的方法，主要包括采购职能组织、权力结构、与用户的关系、总的采购政策、购买标准等。

4. 情境因素

情境因素是指企业在一个具体场合下，与当事人直接有关的全部社会事实及其组织状态，主要包括紧急状态、特别用途、订货量等。例如，本公司是否应把重点放在那些要求迅速和突击交货或提供服务的公司上；是将力量集中于本公司产品的某些用途上，还是将力量平均花在产品的各种用途上；是侧重于大宗订货的用户，还是侧重于少量订货者；等等。

5. 个性特征

个性特征是指企业在物质活动和交往活动中形成的具有社会意义的稳定的心理特征，主要包括购销双方的相似点、对待风险的态度、忠诚度等。例如，本公司是否应把重点放在那些人员及其价值观念与自己相似的公司上；公司应把重点放在敢于冒风险的用户上，还是不愿冒风险的用户上；是否应该选择那些对本公司产品非常忠诚的用户；等等。

三、市场细分的步骤

（一）确定目标产品的市场范围

市场细分是企业营销组合战略的基础。因此，企业只有在明确所提供的目标产品及所进入的目标市场的情况下开展市场细分，才有实际价值。目标产品的市场范围应由顾客的需求确定，而非由产品本身的特性确定。

（二）确定市场细分的方法

（1）企业应列举出潜在顾客的基本需求，然后以这些基本需求为出发点，分析顾客在购买过程中可能会强调的各种侧重点。

（2）企业需要剔除潜在顾客基本需求的共同点，以识别其特殊需求。

（3）企业应根据顾客特殊需求确定市场细分的方法。

（三）选择市场细分变量

依据市场细分方法，企业将潜在顾客的特殊需求划分为不同的组或子市场，并赋予每个组或子市场一个特定的名称；深入分析每个组或子市场的购买动机、偏好、标准和行为，以便在此基础上决定是否可以对这些组或子市场进行合并，或做进一步细分。这些被赋予的不同组或子市场的名称就是细分变量。

（四）调研设计与实施

了解市场细分方法和市场细分变量之后，企业就明确了要收集哪些信息，会根据此信息设计调研方案并分配任务。此阶段是耗时最长、花费最大和最容易出错的阶段，因此需要企业尤其谨慎和认真。

（五）分析数据

分析数据阶段是技术性、专业性和科学性较强的一个阶段，要求企业运用某种数理统计分析软件、工具、模型等对收集来的信息进行处理、分类、归纳、分析和总结。

（六）描述市场细分

企业根据调研结果对各细分市场进行客观描述，说明每个细分市场的特征、规模、竞争情况、变化趋势等，为目标市场选择提供依据。

任务二　筛选目标市场

市场细分之后，企业要对细分市场进行评估，并结合自身的实际情况，选择最具优势的子市场作为自己的目标市场。

目标市场是指企业通过市场细分之后决定要进入的子市场。它可以是一个也可以是多个市场，这取决于企业的内部资源及各市场细分的情况。

微实训
如何选择目标市场营销策略

一、目标市场选择的标准

（一）有一定的规模和发展潜力

企业必须首先收集并分析各类细分市场现行和预期的销售量、增长率。如果市场规模狭小或者趋于萎缩状态，企业进入后就难以获得发展，就应审慎考虑，不宜轻易进入。因此，企业所选择的目标市场应当具有一定规模和发展潜力，具有足够的市场需求，包括现实需求和潜在需求。

（二）具有吸引力

目标市场是否具有吸引力是企业选择目标市场的标准之一。因为只有具有吸引力的市场才会有长远发展的可能，才能为企业的长远发展奠定基础。

一个细分市场中如果已有许多很强的竞争对手，那么其吸引程度就会降低。许多实际或潜在的替代产品会限制细分市场中的价格水平和可赚取的利润。消费者的相对购买力也会影响细分市场的吸引程度。如果细分市场中的买方比卖方更能讨价还价，那么买方便会想方设法压低价格，提出更高的质量或服务要求。还有制造厂商之间的相互竞争。这些因素都会降低卖方的获利能力。如果细分市场中存在很强的供应商，他们能够控制价格，或者能够降低产品和服务的质量，或减少其数量，则该市场的吸引程度也会降低。如果供应商很多、很集中，市场中很少有替代产品，或者该企业投入市场的产品非常重要，供应商便会变得非常有优势。

（三）符合企业目标和能力

某些细分市场虽然有较大的规模、较强的发展潜力和吸引力，但不能推动企业实现发展目标，甚至会分散企业的精力，使之无法完成其主要目标，对这样的市场也应考虑放弃。另外，还应考虑企业的资源条件是否适合其在某一细分市场经营。只有选择那些符合条件、能充分发挥其资源优势的市场作为目标市场，企业才会立于不败之地。

二、目标市场选择的模式

在评估不同的细分市场之后，企业就需决定选择哪些和选择多少细分市场。目标市场是指企业决定进入的、具有共同需求或特征的购买者集合。企业就可以考虑以下五种目标市场选择模式。

（一）单一市场集中化

单一市场集中化是最简单的一种模式，即企业只选择一个目标市场。这样，企业能更清楚地了解细分市场的需求，从而树立良好的信誉，在细分市场建立牢固的地位。同时，企业通过生产、销售和促销的专业化分工，可以实现规模经济。但是单一市场集中化模式的风险比较大，一旦所选择的市场需求发生变化，企业可能会面临倒闭的危险。因此，许多企业愿意在多个细分市场上同时开展业务。

（二）选择性专业化

选择性专业化是指企业有选择地进入几个不同的细分市场，且每个细分市场都要具有吸引力，符合企业的目标和资源水平。这些细分市场之间很少或根本不发生联系，但在每个细分市场上企业都可盈利。选择性专业化模式能够很好地分散风险，但容易分散企业有限的注意力。

（三）产品专业化

产品专业化是指企业专门生产一种产品，同时向不同的细分市场销售。通过这种模式，企业可在特定的产品领域树立良好的信誉。然而，一旦新技术、新产品出现，企业就会面临效益滑坡的风险。

（四）市场专业化

市场专业化是指企业集中力量专门满足某一特定顾客群的各种需求。这种模式能更好地满足顾客的需求。企业还可以向这一顾客群推销新产品，让其成为有效的新产品销售渠道。然而，一旦顾客突然削减购买预算，企业就会面临一定的风险。

（五）整体市场覆盖化

整体市场覆盖化是指企业为所有顾客群提供他们需要的所有产品。只有实力强大的企业才能采取这种模式，如可口可乐公司、国际商务机器公司、通用汽车公司等。

三、目标市场覆盖战略的类型

（一）无差异营销

无差异营销是指企业在市场细分之后，不考虑各子市场的特性，而只注重子市场的共性，决定只推出单一产品，运用单一的市场营销组合，力求在一定程度上满足尽可能多的顾客的需求。

（二）差异性营销

差异性营销是指企业决定同时为几个子市场服务，设计不同的产品，并在渠道、促销和定价方面都进行相应的改变，以适应各个子市场的需求。

（三）集中性营销

集中性营销是指企业集中所有力量，以一个或少数几个性质相似的子市场作为目标市场，试图在较少的子市场上占有较大的市场份额。

实行集中性营销的企业，一般是资源有限的中小企业，或是初次进入新市场的大企业。

四、选择目标市场覆盖战略的依据

无差异营销、差异性营销和集中性营销三种市场覆盖战略各有利弊，因此企业在选择时需考虑五方面的主要因素，即企业资源、产品同质性、市场同质性、产品所处的生命周期阶段、竞争对手的目标市场覆盖战略。

（1）企业资源。如果企业资源丰富，就可以考虑实行差异性营销；否则，最好实行无差异营销或集中性营销。

（2）产品同质性。产品同质性是指产品在性能、特点等方面差异性的大小。对于同质性产品或需求上共性较大的产品，一般宜实行无差异营销；反之，对于异质性产品，则应实行差异性营销或集中性营销。

（3）市场同质性。如果市场上所有顾客在同一时期偏好相同，购买的数量相同，并且对市场营销刺激的反应相同，则可视为同质性市场，一般宜实行无差异营销；反之，如果市场需求的差异较大，则为异质性市场，宜采用差异性营销或集中性营销。

微课
精准营销的应用

（4）产品所处的生命周期阶段。对于处在介绍期和成长期的新产品，市场营销的重点是启发和巩固消费者的偏好，最好实行无差异营销或针对某一特定子市场实行集中性营销。当产品进入成熟期后，市场竞争激烈，消费者需求日益多样化，可改用差异性营销战略以开拓新市场，满足新需求，延长产品生命周期。

（5）竞争对手的目标市场覆盖战略。一般来说，企业的目标市场覆盖战略应视竞争者的情况而定。如果竞争对手强大且实行的是无差异营销，则企业应尽可能实行集中性营销或差异性营销；如果竞争对手强大且实行的是差异性营销，则企业应实行集中性营销或更进一步的差异性营销；如果企业面临的是较弱的竞争者，必要时就可采取与之相同的战略，凭借实力击败竞争对手。

任务三　市场定位

案例
如何确定市场定位

企业在选定目标市场后，就要进行产品在目标市场上的定位。定位战略的成功与否，直接影响着企业在目标市场上营销的成败。市场定位是指对企业的提供物进行差别化设计，从而使之在目标顾客的心中占有独一无二的位置的活动。

一、市场定位的步骤

在实际应用中，无论是对新产品进行首次定位还是对现有产品重新定位，都需要经历一系列的步骤。这些步骤可能会随着产品种类、目标市场、企业情况等的不同而有所不同，但其核心操作流程大致相同。

（一）识别潜在竞争优势

识别潜在竞争优势是产品进行市场定位的基础。企业的竞争优势通常表现在两方面，即成本优势和产品差别化优势。成本优势是指企业能够以比竞争者低廉的价格销售相同质量的产品，或以相同的价格水平销售更高一级质量水平的产品。产品差别化优势是指产品独具特色的功能和利益与顾客需求相适应的优势，即企业能向市场提供在质量、功能、品种、规格、外观等方面比竞争者更好的产品。

为实现此目标，首先，企业必须进行规范的市场研究，切实了解目标市场需求特点和这些需求被满足的程度，这是企业能否取得竞争优势、实现产品差别化的关键。其次，企业要研究主要竞争者的优势和劣势，从三个方面评估竞争者：一是竞争者的业务经营情况，如近三年的销售额、利润率、市场份额、投资收益率等；二是竞争者的核心营销能力，主要包括产品质量和服务质量的水平等；三是竞争者的财务能力，包括获利能力、资金周转能力、偿还债务能力等。

（二）准确选择竞争优势

竞争优势是指企业能够胜过竞争对手的能力。选择竞争优势实际上就是一家企业与竞争者各方面实力相比较的过程。通常的方法是：首先，分析、比较企业与竞争者在经营管理、技术开发、采购、生产、市场营销、财务和产品七个方面究竟哪些是强项，哪些是弱项，形成核心优势；其次，放大优势，形成自己独有的风格，与竞争者产生明显的差异，由此决定采用哪一种定位策略。

（三）彰显独特的竞争优势

企业彰显独特的竞争优势的主要任务是要通过一系列的宣传促销活动，将其独特的竞争优势准确传播给潜在顾客，并在顾客心目中留下深刻印象。为此，首先，企业应使目标顾客了解、知道、熟悉、认同、喜欢和偏爱企业的市场定位，在顾客心目中建立与该定位相一致的形象；其次，企业应通过一切努力来强化目标顾客形象，如保持对目标顾客的了解，稳定目标顾客的态度和加深与目标顾客的感情，由此巩固与市场定位相一致的形象；最后，企业应注意目标顾客对其市场定位理解出现的偏差或由于企业市场定位宣传上的失误而造成的目标顾客对企业定位认识的模糊、混乱和对企业定位的误会，及时纠正与市场定位不一致的形象。

二、市场定位的策略

案例

小米手机的市场定位与定价

（一）避强定位策略

避强定位策略是指避免与竞争者正面对抗，而将本企业的产品定位于某处市场的“空白点”或薄弱环节，开发并提供市场上还没出现的新产品或开拓新的市场领域的一种定位策略。

（二）迎头定位策略

迎头定位策略是一种与强有力的竞争对手“对着干”的定位方式，即企业选择与竞争者相重合的市场位置，抢占同样的目标客户，与其在产品、价格、分销、促销等方面采取相似的策略。采用这种定位策略，企业必须具有比竞争对手更强的优势，拥有比竞争对手更多的竞争资源和能力，能提供优于竞争对手的产品，使更多的目标客户乐于接受本企业的产品，而不愿意接受竞争对手的产品。

（三）重新定位策略

当目标市场环境发生改变，提供物不能给企业带来理想的收益时，企业就应考虑对现有提供物或品牌进行重新定位。重新定位是指企业通过改变产品特色来改变目标顾客对其原有的印象，进而使目标顾客对其产品形象有一个重新认识的过程。

》三、市场定位的方法

（一）根据产品属性和利益定位

产品本身的属性以及由此而获得的利益能使消费者体会到它的定位，如大众汽车的豪华气派、丰田汽车的经济可靠、沃尔沃汽车的安全耐用等。在某些情况下，新产品应强调单一属性，且这种属性往往是竞争对手没有顾及的，这种定位方法一般比较容易收效。

（二）根据产品价格和质量定位

针对那些消费者对质量和价格比较关心的产品，选择在质量和价格方面进行定位也是突出企业形象的好方法。按照这种方法，企业可以采用优质高价定位和优质低价定位。例如，在“彩电大战”“空调大战”如火如荼时，海尔始终坚持不降价，保持较高的价位，这是优质高价的典型表现。

（三）根据产品用途定位

根据每种产品的用途确定其所适用的市场，是根据产品用途定位方法的基本出发点。为老产品找到一种新用途，是为该产品定位的好方法。例如，尼龙从军用到民用，便是一个最好的根据产品用途定位例证。

小案例

酱油产品的市场定位

全球商业模式创新大师克里斯滕森说过，颠覆性创新的关键在于研究消费者在不同的场景之下，用这个产品去完成一个什么样的任务。所以说，只有细分场景和用途，我们才有可能深刻洞察消费者的核心需求。例如，酱油为什么能在3 000亿元销售额的调味品行业里占到将近1/3的份额？因为酱油对消费者的细分需求挖掘得最充分。酱油需求的细分有两个维度，一是口味，二是颜色。不同的维度对应着不同的烹饪方式。酱油企业不断切割这个细分需求，通过满足消费者在不同烹饪方式下对酱油的用途进行定位。

首先看海天草菇老抽与欣和六月鲜的价值定位。它们正好分别处于消费需求的两端，海天草菇老抽的核心价值定位是上色，如消费者在做红烧肉时滴几滴就能够上色，而且久煮不黑，所以这个大单品直接推动了海天的快速成长。欣和六月鲜能够在华东市场占有一席之地，则是因为它定位于调鲜，从而从激烈的酱油市场竞争中脱颖而出。

其次看李锦记蒸鱼豉油和加加面条鲜的市场定位。它们的价值定位都是基于菜式，也就是烹饪方式的。李锦记蒸鱼豉油和加加面条鲜是针对用途和场景来进行产品的定位的。

（四）根据使用者定位

企业常常试图把某些产品指引给适当的使用者或某个细分市场，以便根据该细分市场的特点创建恰当的形象。例如，各种品牌的香水是针对各个不同细分市场的，有些香水定位于雅致、富有、时尚的女性，有些则定位于生活方式活跃的男性。

（五）根据产品档次定位

产品档次包括低档、中档和高档，企业可根据自己的实际情况任选其一。这样的定位方式可以满足不同档次需求的消费者，从而提高企业的竞争力，增加产品的销售额。通过这种定位方法，企业还可以加深产品在消费者头脑中的印象。

（六）根据竞争地位定位

产品可定位于与竞争直接有关的不同属性或利益。例如，无铅皮蛋定位为不含铅，间接地暗示普通方法腌制的皮蛋含铅，对消费者健康不利。这种定位方法的关键是要突出企业的优势，如技术可靠性程度高，售后服务方便、迅速及其他对目标顾客有吸引力的因素，从而千方百计地在竞争者中突出企业本身的形象。

（七）根据多重因素定位

多重因素定位是将产品定位在几个层次上，或者依据多重因素对产品进行定位，使产品给消费者的感觉是产品特征很多，具有多重作用或效能。例如，一些饮品分别以天然原料（质量定位），饮用、佐餐均相宜（用途定位），适用于儿童、少年及成年人（使用者定位）等宣传语来进行产品定位。采用这种定位方法，要求产品本身一定要有充分的内容，其“全”恰好就是它的竞争优势，是其他竞争产品一时无法具备的。

香港各大银行的定位策略

在香港，金融业之兴旺发达，用“银行多过米铺”这句话来形容毫不过分。数千家各类银行散落在各个角落，竞争达到白热化程度。在这一狭小而竞争过度的市场空间中，如何才能立住脚跟，并把自己手中的蛋糕越做越大？各银行使出浑身解数，走出了一条细分市场，利用定位策略突出各自优势之路，使得香港的金融业呈现出一幅百家争鸣、百花齐放的繁荣景象。

汇丰银行将自己定位为分行最多、实力最强、全香港最大的银行。这是以自我为中心，实力展示式的诉求。20 世纪 90 年代以来，为拉近与顾客的情感距离，汇丰银行改变了定位策略。新的定位立足于“患难与共，伴同成长”，旨在与顾客建立同舟共济、共谋发展的亲密朋友关系。

恒生银行将自己定位为充满人情味的、服务态度最佳的银行。其通过走感性路线赢得了顾客的青睐。突出服务这一卖点，也使恒生银行有别于其他银行。

渣打银行将自己定位为历史悠久的、安全可靠的英资银行。这一定位树立了渣打银行可信赖的“老大哥”形象，传达了让顾客放心的信息。

中国银行将自己定位为有强大后盾的中资银行。其直接针对有民族情结、信赖中资的目标顾客群，同时暗示它能提供更多、更新的服务。

廖创兴银行将自己定位为“助你创业兴家”的银行。其以中小工商业者为目标对象，为他们排忧解难，使他们赢得事业的成功。在香港，中小工商业者是一个很有潜力的市场群体。廖创兴银行敏锐地洞察到这一点，并切准他们的心理：想出人头地，大展宏图。据此，廖创兴银行将自身定位在专为这一目标顾客群服务上，给予他们在其他大银行和专业银行不能得到的支持与帮助，从而牢牢地占有了这一市场。

渣打银行历史悠久，可谓香港金融界的“大哥大”，采取的是先入为主的定位策略，但它若一直以老大自居，无视竞争环境的变化，不改变定位策略，其市场终有一天会被后来者蚕食。汇丰银行已意识到了这一点，故其在强调实力的同时，也强调情感定位，拉近与顾客的朋友伙伴关系。中国银行则在强调实力的同时，更注重加强民族感情，灌输这种中国人应支持中国自己银行的观念。恒生银行不跟其他银行拼实力，而是抓住服务的空隙，强调以优质服务占领顾客的心。廖创兴银行虽小却自强，抓住中小工商业者这一空白市场大做文章，终于得一片天下。

从上可知，无论是一个多么饱和、竞争多么激烈的市场，总会有空隙，我们只要从不同的角度去寻找，就能找到进入市场的“切合点”。例如，从经营理念出发，可以从消费者、竞争者的角度换位审视市场；从企业的微观角度来看，会发现产品大小的市场空隙、价格高低的市场空隙，以及顾客性别、包装、颜色品牌、服务、渠道、口味、用途等方面的市场空隙。消费者的需求差别给企业创造了如此众多的市场机会，以致企业选择目标市场进行正确定位成了市场营销成败的关键。

核心职业能力训练

一、实训目标

1. 学会按照地理因素、人口因素、心理因素、行为因素对背景企业市场进行细分。

2. 让学生更多地接触市场、了解市场，以便为下一步的学习及将来真正进入市场，从事营销工作打下基础。

二、实训设计

1. 教师准备背景企业资料，并布置学生任务。
2. 班级分成4～6个小组，每个小组8人；学生分组讨论确定调研方向。
3. 学生分组进行分工，利用业余时间，形成顾客细分报告。

三、实训方法

项目驱动法、示范法、讨论法、报告法。

四、实训准备

1. 学习场地与设施：多媒体教室。
2. 教师准备：案例、工作纸、考核标准、课后练习与实践任务等材料。
3. 学生准备：复习相关知识，提前上网查好相关资料。

五、实训过程

第一步，将背景行业的市场按照地区分成不同的地理区域单位。

第二步，将背景行业的市场按照城乡分成不同的地理区域单位。

第三步，将背景行业的市场按照城市规模分成不同的地理区域单位。

第四步，将背景行业的市场按照气候分成不同的地理区域单位。

第五步，将背景行业的市场按照人口密度分成不同的地理区域单位。

第六步，将背景行业的市场按照人口年龄结构划分。

第七步，将背景行业的市场按照家庭结构划分。

第八步，将背景行业的市场按照职业划分。

第九步，将背景行业的市场按照性别划分。

第十步，将背景行业的市场按照收入划分。

第十一步，将背景行业的市场按照受教育程度划分。

第十二步，将背景行业的市场按照种族划分。

第十三步，将背景行业的市场按照宗教划分。

第十四步，将两种以上的细分因素组合后再划分市场。

第十五步，将背景行业的消费者按照生活方式划分。

第十六步，将背景行业的消费者按照进入市场的程度划分。

第十七步，将背景行业的消费者按照使用频率的高低划分。

第十八步，将背景行业的消费者按照对产品品牌的偏好程度划分。

第十九步，形成顾客细分报告。

六、实训评估

（一）学生自评

1. 是否了解市场细分的标准。
2. 是否掌握市场细分的步骤与方法。
3. 有没有进行有效的市场细分。
4. 本组市场细分之间有无重合。
5. 本组市场细分有没有体现可盈利性、可进入性、有无无效的细分市场。

（二）综合评估

1. 教师对各小组的表现进行评价打分。
2. 小组互评。
3. 各小组组长对组内成员的表现进行打分。
4. 教师点评和总结相应的知识点。

思考与练习

一 选择题

扫码即可进行在线测试。

二 简答题

1. 市场细分的标准有哪些？
2. 如何进行市场细分？
3. 如何选择目标市场？
4. 市场定位的策略有哪些？
5. 市场定位的方法有哪些？

三 案例分析

扫码阅读案例，完成下面的讨论题。

讨论题

“米勒”啤酒能够取得成功的原因有哪些？

项目六　制定产品策略

学习目标

了解产品的层次；

掌握产品生命周期的阶段及各阶段的营销策略；

了解产品组合策略；

掌握品牌类型和品牌决策。

能力目标

能够根据产品生命周期选择营销策略；

能够根据企业的实际情况制定产品品牌策略、产品包装策略和新产品开发策略。

素质目标

尊重市场规律，知法守法，遵守营销道德规范。

引导案例

联合利华的产品组合策略

联合利华集团是由荷兰 Margarine Unie 人造奶油公司和英国 Lever Brothers 香皂公司于 1929 年合并而成的。

联合利华的产品每天被 20 亿人使用，在全球 190 个国家内共计有 400 个联合利华品牌被出售。联合利华官网定义的三大领域为：食品饮料、个人护理、家庭护理，也可以概括为食品与日化两大领域。相比宝洁，同为全球日化巨头的联合利华明显在食品领域投入更多（宝洁已将食品线出售仅留下了品客）。联合利华擅于进入新的市场与品牌收购，并且不强调“联合利华”这一品牌，让旗下产品各自为营，以独立品牌出现。就像我们吃了很多和路雪，却有不少人并不知道联合利华还有雪糕业务线。这种扩大产品组合的策略虽然没有充分利用企业信誉和商标知名度，但是在品牌出现市场波动或负面影响的时候，能降低损失程度。

根据 2022 年 1 月 17 日《华尔街日报》的消息，联合利华公司表示，在完成战略审查后，他们已确定，其未来将极大地扩张健康、美容和卫生等增长较快类别的业务。

在此之前，这家英荷消费品集团表示有意收购葛兰素史克的消费者保健业务。2022 年 1 月 15 日，联合利华表示，其已经与葛兰素史克和辉瑞公司就二者消费者保健品合资企业的交易接触，该交易的潜在价值为 680 亿美元。联合利华表示，健康、美容和卫生类别能提供更高的可持续市场增长率，重大收购和加速剥离低增长品牌和业务将成为战略的一部分。

企业在明确市场定位之后，就要开始计划如何在目标市场上运作。制定产品策略就是明确企业能提供什么样的产品和服务去满足消费者要求的一种活动。

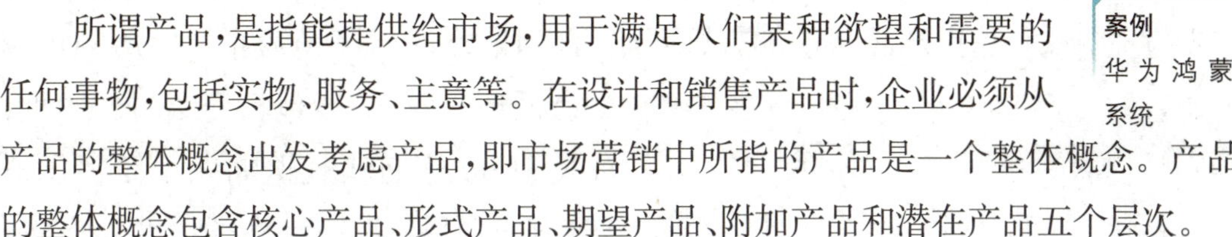

任务一 了解产品和产品生命周期

一、产品的概念和层次

案例
华为鸿蒙系统

（一）产品的概念

所谓产品，是指能提供给市场，用于满足人们某种欲望和需要的任何事物，包括实物、服务、主意等。在设计和销售产品时，企业必须从产品的整体概念出发考虑产品，即市场营销中所指的产品是一个整体概念。产品的整体概念包含核心产品、形式产品、期望产品、附加产品和潜在产品五个层次。

（二）产品的层次

1. 核心产品

核心产品又被称为实质产品，是指产品能向顾客提供的基本利益和效用。这是产品最基本的层次，是满足顾客需要的核心内容。顾客购买某种产品不是为了获得它的所有权，而是因为它能满足自己某一方面的需求或欲望。

2. 形式产品

形式产品是指核心产品借以实现的形式或目标市场对某一需求的特定满足形式。形式产品包含五个要素：包装、品牌、质量、式样和特征。这五个要素物质产品都具备，而服务产品也具有类似的要素，可能具备其中的部分或全部。形式产品是呈现在市场上可以为顾客所识别的东西，因此它是顾客选购商品的直观依据。

3. 期望产品

期望产品是指顾客购买某产品时通常希望和默认的一组属性和条件。

4. 附加产品

附加产品是指顾客购买产品时所获得的全部附加利益与服务，包括安装、送货、保证、提供信贷、售后服务等。

5. 潜在产品

潜在产品是指最终可能实现的与现有产品相关的，并且在未来可提供给顾客的增值性产品，如软件的升级产品等。潜在产品指出了产品可能的演变趋势和前景。

产品整体概念体现了以顾客需求为中心的营销观念。如果不能充分认识产品整体概念，就不能真正贯彻现代市场营销观念。

》二、产品生命周期的阶段

微课

产品生命周期

一种产品进入市场后，它的销售量和利润会随着时间的推移而改变，呈现一个由少到多、再由多到少的过程，如同人的生命一样，由诞生、成长到成熟，最终走向衰亡，这就是产品生命周期现象。所谓产品生命周期，是指产品从进入市场开始，直到最终退出市场为止所经历的市场生命循环过程，一般包括介绍（投入）期、成长期、成熟期和衰退期四个阶段。产品只有经过研究开发、试销、进入市场，它的生命周期才算开始。产品退出市场则标志着生命周期的结束。产品生命周期与销售利润曲线如图 6-1 所示。

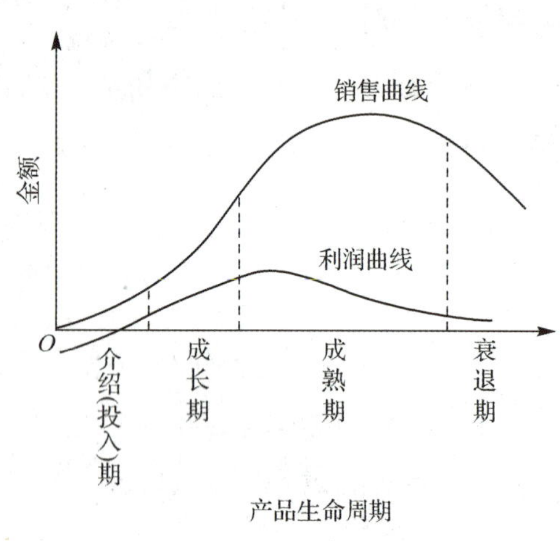

图 6-1　产品生命周期与销售利润曲线

（一）介绍（投入）期

新产品投入市场便进入介绍（投入）期。此时，顾客对产品还不了解，只有少数追求新奇的顾客可能购买，产品销售量很低。为了扩大销路，企业需要大量的促销费用对产品进行宣传。在这一阶段，由于技术方面的原因产品不能大批量生产，所以成本高，销售额增长缓慢。企业不但得不到利润，反而可能亏损，其产品也有待进一步完善。

（二）成长期

微实训

不同的生命周期阶段产品的营销策略

在成长期，顾客对产品已经熟悉，大量的新顾客开始购买，市场逐步扩大。产品大批量生产，生产成本相对降低，企业的销售额迅速上升，利润也迅速增长。竞争者看到有利可图，便纷纷进入市场参与竞争，使同类产品供给量增加，价格也随之下降，企业利润增长速度逐步减慢，在成长期期末达到产品生命周期利润的最高点。

（三）成熟期

市场需求趋向饱和，潜在的顾客已经很少，销售额增长缓慢直至下降，标志着产品进入了成熟期。在这一阶段，竞争逐渐加剧，产品售价降低，促销费用增加，企业利润下降。

（四）衰退期

随着科学技术的发展，新产品或新的代用品出现，使顾客的消费习惯发生改变，转向其他产品，从而使原来产品的销售额和利润额迅速下降。于是，未来产品进入了衰退期。

思政材料
中国为何还有绿皮火车

三、产品生命周期在不同阶段的营销策略

基于产品生命周期四个阶段特点的不同，其营销策略也有所区别。

（一）介绍（投入）期的营销策略

在产品介绍（投入）期，企业首要的营销目标是使产品尽快被消费者认识、理解和接受。不同的企业在推出新产品时所用的营销策略不尽相同，大体说来有四种营销策略可供选择。

1. 快速撇脂策略

快速撇脂策略即以高价格、高促销费用推出新产品。实施这一策略须具备以下条件：产品有较大的需求潜力；目标顾客求新心理强，急于购买新产品，需求弹性小；企业面临潜在竞争者的威胁，需要及早树立品牌形象。一般而言，在产品引入阶段，只要新产品比被替代产品有明显的优势，市场对其价格就不会那么敏感。

2. 缓慢撇脂策略

缓慢撇脂策略即以高价格、低促销费用推出新产品。该策略的目的是以尽可能低的费用开支求得更多的利润。实施这一策略的条件是市场规模较小；产品已有一定的知名度；目标顾客愿意支付高价，需求弹性小；潜在竞争威胁不大。

3. 快速渗透策略

快速渗透策略即以低价格、高促销费用推出新产品。实施这一策略的条件是该产品市场容量相当大；潜在消费者对产品不了解且对价格十分敏感，需求弹性大；潜在竞争较为激烈；产品的单位生产成本可随生产规模和销售量的扩大迅速降低。

4. 缓慢渗透策略

缓慢渗透策略即以低价格、低促销费用推出新产品。这种策略的适用条件是市场容量很大；市场上该产品的知名度较高；市场对产品价格十分敏感，需求弹性大；存在某些潜在的竞争者，但威胁不大。

缓慢渗透

美国高露洁公司为了把产品打进日本市场，开展了一连串的推销活动，如赠送牙膏等。日本电视、报刊对这一措施大事报道。而高露洁公司的主要目的也因此达到了：让日本人都知道“高露洁”牙膏，以便为高露洁公司的其他产品进入日本市场打下基础。

有趣的是，后来日本许多工业产品在打进美国市场时，回报的也是这种战略。例如，日本企业准备把彩电打入美国市场，他们遇到了许多问题：美国是当时世界上彩色电视机的最大生产国，生产技术是当时最为先进的，产品价格也定得无懈可击，看起来很难下手。但日本人经过细致周密的调查，发现了美国电视机生产厂商的弱点，即美国厂商为了追求高利润，不太重视小尺寸电视机的生产。日本人心中有谱了，他们“有的放矢”，选择了12英寸（约30.48厘米）以下的彩电市场进行进攻，等站稳脚跟后再逐渐推出尺寸较大的产品，最后以品种齐全的市场策略，富有竞争力的低价策略，以批发、零售为主的渠道策略以及多方位的广告策略，向美国彩电市场发动攻击，最终主导了美国的彩电市场。

（二）成长期的营销策略

在成长期，企业为维持其市场增长率，延长获取最大利润的时间，可以从营销组合的角度采取下面几种策略。

1. 改善产品品质

改善产品品质的策略包括增加产品新的功能、改变产品款式、发展产品新的型号、开发产品新的用途等。对产品进行改进可以提高产品的竞争能力，满足顾客更广泛的需求，吸引更多的顾客。

2. 适时降价

在适当的时机，企业可以采取降价策略，以激发那些对价格比较敏感的顾客的购买动机并让他们采取购买行动。

3. 寻找新的细分市场

通过市场细分，找到新的、尚未饱和的细分市场，根据其需要组织生产，迅速进入新的市场。

4. 改变广告宣传的重心

把广告宣传的重心从介绍产品转到建立产品形象上来，树立产品品牌，维系老顾客，吸引新顾客。

（三）成熟期的营销策略

对于成熟期的产品，企业宜采取主动出击的策略，使成熟期延长，或使产品生命周期出现再循环。为此，企业可以采取以下三种策略。

1. 市场调整策略

市场调整策略不是要调整产品本身，而是要发现产品的新用途、寻求新的顾客或改变推销方式等，使产品销售量得以扩大。

2. 产品调整策略

产品调整策略是指通过产品自身的调整来满足顾客的不同需求，吸引更多顾客。整体产品概念任何层次的调整都可视为产品再推出。

3. 营销方案调整策略

营销方案调整策略即通过对营销方案进行综合调整，刺激销售量的回升。其常用的方法包括降价、提高促销水平、扩大分销渠道、提高服务质量等。

（四）衰退期的营销策略

面对处于衰退期的产品，企业需要进行认真的研究分析，决定采取什么策略、在什么时间退出市场等。通常有以下几种策略可供选择。

1. 继续策略

继续策略是指继续沿用过去的策略，仍按照原来的细分市场，使用相同的分销渠道、定价及促销方式，直到这种产品完全退出市场为止。

2. 集中策略

集中策略是指把企业能力和资源集中在最有利的细分市场和分销渠道上，从中获取利润。这样有利于缩短产品退出市场的时间，同时又能为企业创造更多的利润。

3. 收缩策略

收缩策略是指抛弃无希望的顾客群体，大幅度降低促销水平，尽量减少促销费用，以增加目前的利润。这样可能会导致产品在市场上的衰退加速，但也能从忠实于这种产品的顾客中得到利润。

4. 放弃策略

放弃策略是指对于衰退比较迅速的产品，企业应该当机立断，放弃经营。可以采取完全放弃的形式，如把产品完全转移出去或立即停止生产；也可以采取逐步放弃的方式，使其所占用的资源逐步转向其他的产品。

任务二　认识产品组合策略

一、产品组合及相关的概念

产品组合是指一家企业生产或销售的全部产品的组成方式，包括所有的产品线和每一产品线中的产品项目。它反映了一家企业的经营范围或生产的产品结构，共包括四个变量，即产品组合的宽度、产品组合的长度、产品组合的深度和产品组合的关联度。

微课
产品组合策略

（一）产品组合的宽度

产品组合的宽度是指一家企业的产品组合中所拥有的产品系列的数目，即一家企业拥有多少条不同的产品线。产品系列越丰富，产品线越多，说明该企业产品组合的宽度越宽。

（二）产品组合的长度

产品组合的长度是指一家企业的产品项目总数。产品项目是指列入企业产品线中具有不同规格、型号、式样或价格的最基本的产品单位。每一产品线中可能会包括多个产品项目。企业各产品线的产品项目总数就是企业产品组合的长度。

（三）产品组合的深度

产品组合的深度是指产品大类中每种产品有多少种花色、品种、规格，是一家企业产品线中的每一产品系列的产品项目数。

（四）产品组合的关联度

产品组合的关联度是指各条产品线在最终用途、生产条件、分销渠道或其他方面相关联的程度。

二、产品组合策略的具体措施

企业在对产品组合进行分析与评价后，就可以做出产品组合策略。

（一）扩大产品组合

扩大产品组合包括拓宽产品组合的宽度和增加产品组合的长度与加深产品组合的深度，前者是指在原产品组合中增加产品线，扩大经营范围，后者是指在原有产品线内增加新的产品项目与产品花色。当企业预测现有产品线的销售额和盈利率在未来可能下降时，就需考虑在现有产品组合中增加新的产品线，或加强其中有发展潜力的产品线。

（二）缩减产品组合

在市场繁荣时期，较长、较宽的产品组合会为企业带来更多的盈利机会。但是在市场不景气或原料、能源供应紧张时期，缩减产品线反而能使总利润上升，因为剔除那些获利小甚至亏损的产品线或产品项目，企业就可以集中力量发展获利多的产品线和产品项目。

卡夫食品公司的产品线削减策略

卡夫食品公司是全球最大的糖果、食品和饮料公司，也是国际第二大食品公司。卡夫公司在食品行业中品牌众多，在超过155个国家和地区中拥有11个标志性品牌，分别是卡夫、吉百利、奥斯卡迈耶、麦斯威尔、纳贝斯克、奥利奥、费城奶油干酪、雅各布斯、米尔卡、LU和三叉戟。在激烈的市场竞争中，卡夫分别售出了其旗下的箭牌、宠物零食部门和一些杂货店品牌。紧接着，卡夫同意出售其谷物部门——Ralcorp控股。这是卡夫主要的自主品牌食品生产商。卡夫将它以2.6亿美元并购的形式进行分拆，这将增加50%的Ralcorp销售。

卡夫的这一系列“瘦身”行动表明：卡夫公司意识到产品线和产品项目太多造成的经营累赘，因此必须缩减产品组合，使公司集中资源，进一步提高主打产品商标的知名度。

（三）产品线延伸

总体来看，每家企业的产品线只占所属行业整体范围的一部分，每项产品都有特定的市场定位。当一家企业的产品线长度延伸超过现有范围时，其就被称为产品线延伸。产品线延伸具体有向下延伸、向上延伸和双向延伸三种实现方式。

1. 向下延伸

向下延伸即原来定位在高档产品的企业增加低档产品项目。实行这一策略需要具备以下市场条件之一：

（1）利用高档名牌产品的声誉，吸引购买力水平较低的顾客慕名购买此产品线中的廉价产品。

（2）高档产品销售增长缓慢，企业的资源设备没有得到充分利用，为了赢得更多的顾客，将产品线向下伸展。

（3）企业最初进入高档产品市场的目的是建立品牌信誉，然后再进入中、低档产品市场，以扩大市场占有率和提高销售增长率。

（4）填补企业的产品线空白。

2. 向上延伸

向上延伸即原来定位在低档产品的企业增加高档产品项目。实行这一策略的主要目的和条件如下：

（1）高档产品市场具有较大的潜在成长率和较高的利润率。

（2）企业的技术设备和营销能力已具备进入高档产品市场的条件。

（3）企业要重新进行产品线定位。

采用这一策略要承担一定的风险，因为要改变产品在顾客心目中的地位是相当困难的，如果处理不慎，就会影响原有产品的市场声誉。

3. 双向延伸

双向延伸是指企业原来的产品定位在中档产品水平，当企业的生产经营水平趋于成熟后，向产品线的上、下两个方向延伸，向上可增加高档产品，向下可增加低档产品，扩大市场范围，为不同层次的顾客提供服务。

云南白药的产品组合策略

云南白药是拥有百年历史的著名中草药物。国内外医学界研究表明，云南白药含有多种活性成分，药理作用是多方面的。它不仅对跌打损伤、创伤出血有独特的疗效，而且对内腔出血（如肺结核出血、胃出血、肠道出血）也有显著疗效，并对鼻出血、支气管炎和支气管扩张出血、颅内出血、妇科血症、腹型紫癜等也有一定的疗效。在使用方面，云南白药不但可以单独应用，也可以和其他中、西药配合应用，既能内服和外敷，又能用来灌肠和作为喷药使用，还可用来擦浴。然而，面对市场的巨变，这个号称中华瑰宝的老字号也遭遇了发展瓶颈。1999 年以前，云南白药基本上是以原有的散剂为主，虽然疗效显著，但是由于长期以来产品结构单一，既跟不上市场的发展，又难以充分发挥云南白药的功效，企业利润非常有限。为了走出发展窘况，复兴老字号，公司确定了产品立体化战略。自 2001 年开始，云南白药将保密配方与材料科学结合起来进行产品创新。其具体做法是通过对产品适应证的进一步细分，在公司传统的白药散剂基础上，延伸形成了所谓的“中央产品”和“两翼产品”。这些产品分布于公司两大系列产品中（云南白药主要产品包括云南白药系列产品、田七系列产品），由不同的事业部负责销售，对公司而言，具有不同的战略意义。

从产品大类来讲，云南白药公司产品可分为以下三个大类：

（1）云南白药系列产品。云南白药系列产品在云南白药的基础上研制了胶囊剂、酊剂、硬膏剂、气雾剂等。这些新剂型使云南白药的内服和外用更加高效、方便、快捷，更贴合现代人的需求。其中，宫血宁胶囊为国内首创，其是以云南特产的药用植物提取分离所得的有效成分制成的胶囊剂，所含全部活性成分的名称和结构均已被明确。该胶囊主要用于功能性子宫出血症，大、小产后宫缩不良，盆腔炎、宫内膜炎及避孕措施所导致的出血，是妇科止血、消炎的有效药物，已被列入国家基本用药目录，是国家中药保护品种。该药属于云南白药公司独家产品，其已成为公司的第二大产品。

(2) 田七系列产品。田七系列产品有田七花叶颗粒、田七丹参颗粒、田七鸡精、生三七粉、熟三七粉、三七片(生)、熟三七片、三七哌克昔林(片剂、胶囊剂)等,这一类产品的特点是具有活血化瘀、清热解毒和滋补健身的功效。

(3) 其他产品。其他产品主要包括治疗前列腺疾病的舒列安胶囊,预防和治疗中风及气虚血瘀所致病症的珍奇脑脉通,主治小儿疳积的利儿康口服液(合剂),治疗寒湿痹痛引起的肢体关节疼痛的附片口服液和具有清热解毒、消肿止痛、凉血利咽之功效的热毒清片等。

其中,云南白药公司的四个“中央产品”:云南白药胶囊、散剂,云南白药气雾剂和宫血宁胶囊主要定位于三个细分市场,即跌打损伤用药、手术止血和妇科用药(消炎)市场。在跌打损伤用药市场中,云南白药胶囊针对这个市场中的中、高端用户群体,而云南白药散剂价格较低,主要针对中、低端用户群体。在手术止血用药市场中,云南白药胶囊的竞争优势在于价格便宜、副作用小,主要在术前使用。在妇科用药市场中,宫血宁胶囊主要针对妇科止血。总体而言,“中央产品”经多年发展,产品销售稳定,是公司主要的销售收入来源,但由于其所处市场规模的限制,市场份额变动不大,突破比较困难。

相较于“中央产品”,“两翼产品”是公司未来主要的利润增长点。“两翼产品”主要包括云南白药膏、云南白药创可贴、云南白药牙膏及其他药妆产品。云南白药膏和创可贴均属透皮剂产品,在国内骨病贴膏市场中,其销量在全国分别排名第四、第五。在以强生公司邦迪为龙头的创可贴市场中,云南白药创可贴的市场占有率较高。据测算,公司的透皮剂产品有望保持25%左右的增长率。在牙膏市场中,云南白药牙膏定位于高端口腔护理产品,发展前景值得期待。云南白药牙膏上市背后的另一个战略意义在于拉开了公司进军快速消费品领域的序幕。实际上,公司在推出了云南白药牙膏之前,就已经在这方面进行了尝试,并在此基础上新推出云南白药“金口健”牙膏。此外,“鞋爽”也已经面市,云南白药面膜已经成型。而以上产品的销售工作主要由公司下属的四个事业部负责。药品事业部负责销售云南白药系列药品;透皮事业部销售云南白药膏、云南白药车载急救包和云南白药创可贴;健康事业部销售云南白药牙膏;原生药材事业部主要从事三七等粗加工药材的销售。

任务三　制定产品品牌策略

在为个别产品制定营销战略时，营销者必须面对品牌问题。产品品牌化可以给产品增加价值，因此它是产品战略的一个根本性问题。

微实训
品牌设计

一、品牌的含义

品牌是用以识别某名销售者或某群销售者的产品或服务，并使之与竞争对手的产品或服务区别开来的商业名称及其标志，通常由文字、标记、符号、图案、颜色等要素或这些要素的组合构成。

品牌的整体含义可分成以下六个层次：

(1) 属性。一个品牌会体现出某些特定的属性。例如，麦当劳表现出标准化食品、整洁干净的就餐环境、儿童娱乐区的属性。

(2) 利益。品牌不仅代表着一系列属性，还体现着某种特定的利益。顾客买的不是属性，而是利益。因此，属性需要转化为功能性或情感性的利益。耐久的属性可转化成功能性的利益，如"多年内我不需要再买一辆新车"。昂贵的属性可转化成情感性的利益，如"这辆车让我感觉到自己很重要并受人尊重"。制作精良的属性可转化成功能性和情感性的利益，如"这辆车制作精良，质量上乘，即使出事我也会很安全"。

(3) 价值。品牌体现了生产者的某些价值感，如奔驰代表着高绩效、安全、声望等。品牌的营销人员必须分辨出对这些价值感兴趣的消费者群体。

(4) 文化。品牌附着特定的文化，如奔驰品牌蕴含着"有组织、高效率和高品质"的德国文化。

(5) 个性。品牌也反映一定的个性。如果品牌是一个人、一种动物或一个物体，那么不同的品牌会使人们产生不同的品牌个性联想。例如，奔驰会让人想到一位严谨的老板、一头勇猛的雄狮或一座庄严质朴的宫殿。

(6) 用户。品牌暗示了购买或使用产品的消费者类型。

小贴士

商　　标

商标是指企业在政府有关主管部门注册登记以后，就享有某个品牌名称和品牌标志的专用权。这个品牌名称和品牌标志受到法律保护，任何其他企业都不得效仿使用。因此，商标实质上是一种法律名词，是指已获得专用权并受法律保护的一个品牌或一个品牌的一部分。商标是企业的无形资产，驰名商标更是企业的巨大财富。

(1) 注册商标与非注册商标。我国习惯上对一切品牌，不论其注册与否，都统称为商标，所以商标有注册商标与非注册商标之分。《中华人民共和国商标法》(以下简称《商标法》)规定，注册商标是指受法律保护、所有者享有专用权的商标。非注册商标是指未办理注册手续、不受法律保护的商标。在《商标法》的保护下，销售者对使用品牌名称享有独占的权利。这与专利、版权等其他有终期的资产不同。

(2) 商标的命名设计。对一家企业来说，给自己的企业和产品起一个响亮的名字，对参与市场竞争，尤其是打开国际市场大有好处。然而，要起好名字，这中间却大有学问。名字难起，商标设计就更难了。商标设计要遵循四条原则：简洁醒目，易读易记；构思巧妙，暗示属性；富蕴内涵，情意浓重；避免雷同，超越时空。

二、品牌的类型

世界上的品牌多种多样，从不同的角度划分，品牌会有不同的分类。这里只介绍生产商品牌、分销商品牌和许可品牌。

（一）生产商品牌

生产商品牌也称全国性品牌，是由产品的生产商创立的。为了使自己的产品能够在销售点被消费者识别，生产商通常会在产品上标上自己的名称。在市场上，在相当长的一段时间内，生产商品牌都占据着支配地位。

生产商创建自己品牌的好处是可以建立自己的信誉。生产商拥有的注册品牌是工业产权，可以租赁、转让、买卖，其价值由品牌信誉的大小而定。企业的产品、零部件等全部使用生产商品牌，可以和消费者建立密切关系。

（二）分销商品牌

分销商品牌又称自有品牌，是由零售商自行研发、自主设计的品牌。通常零售商授权生产商进行产品的生产加工，再贴上自己的注册商标在自属零售网点或终端售点进行销售。

（三）许可品牌

许可品牌是指品牌拥有者（版权商或代理商）将自己所拥有或代理的品牌，以合同的形式授予被许可方使用的品牌。在品牌许可下，被授权者按合同规定从事经营活动（通常是生产、销售某种产品或提供某种服务），并向授权者支付相应的费用。同时，授权者给予被授权者培训、组织设计、经营管理等方面的指导与协助。

三、品牌决策

案例
思科的品牌保护

（一）品牌有无决策

在市场竞争中，品牌一直是一个强有力的工具和手段。但有些企业对某些产品不规定品牌名称和品牌标志，也不向政府注册登记，实行非品牌化。这种产品被称为无牌产品。无牌产品是在市场上出售的无品牌、包装简易且价格相对便宜的普通产品。企业推出无牌产品的主要目的是节省包装、广告等费用，降低价格，扩大销售。一般来说，无牌产品使用质量较差的原料，而且其包装、广告、标签的费用都较低。

福运泉的衰退

福运泉曾是北京市场中第一个野酸枣汁品牌，在北京市场上一度占有50%以上的市场份额，曾经创造了日销售20万元的神话。福运泉的成功得益于它在上市初期曾经构建了一个健全的商业模式。它抓住了消费需求的空白，而这部分消费需求相当强烈。它的广告做得有特色，如带有民间小调风格的“野酸枣滴溜溜圆，福运泉纯天然”广告词，脍炙人口、家喻户晓。福运泉上市初期的分销渠道也做得不错，有比较高的上架率。在运营方面，福运泉严格遵循将筛选出的野生酸枣经过100 ℃饮用水浸提枣汁的工艺。这表明福运泉占领了价值载体、价值传递、价值创造等诸多制高点。

但是，福运泉的辉煌却只是昙花一现，不到两年，公司就连续出现了11个月的亏损，总亏损额达500万元，濒临倒闭。使福运泉陷入困境的原因有很多，有价格高影响销售的产品原因，也有经销商利润微薄导致经销渠道萎缩的渠道原因。但是，最根本的原因是福运泉在假冒伪劣产品的围攻下没有建立起强有力的竞争壁垒。

（二）品牌使用决策

制造商可供选择的品牌使用决策有以下三种：企业可以决定使用自己的品牌，这种品牌被称为制造商品牌；企业也可以决定将其产品大批量地卖给中间商，让中间商再用自己的品牌将产品转卖出去，这种品牌被称为中间商品牌；企业还可以决定有些产品用自己的品牌，有些产品用中间商品牌，这种品牌被称为混合品牌。

（三）品牌统分决策

如果制造商决定其大部分或全部产品都使用自己的品牌，那么还要进一步决定其产品是分别使用不同的品牌，还是统一使用一个或几个品牌。具体来说，企业在这个问题上有四种可供选择的策略。

1. 个别品牌策略

个别品牌策略是指对企业的每个产品都单独命名，即对企业各种不同的产品分别采用不同的品牌。使用个别品牌策略的好处是企业的整体声誉不受个别品牌的影响；同时，个别品牌策略不仅可以使企业增强竞争力，提高市场占有率，还可以使企业增强抗风险能力——当某一品牌的销量下降时，尚有其他品牌可以支撑。

2. 统一品牌策略

统一品牌策略是指企业所有的产品都统一使用一个品牌名称。例如，美国通用电气公司的所有产品都统一使用“GE”这个品牌名称。企业采取统一品牌名称策略的好处主要有：企业宣传介绍新产品的费用开支较低；如果企业的名声好，则其所有产品通常都畅销。

3. 分类品牌策略

分类品牌策略是指企业对各类产品分别命名，一类产品使用一个品牌。西尔斯·罗巴克公司就采取过这种策略，其所经营的器具类产品、妇女服装类产品、主要家庭设备类产品分别使用不同的品牌名称。

4. 企业名称加个别品牌策略

企业名称加个别品牌策略是指企业决定旗下各种不同的产品分别使用不同的品牌，并在各个产品的品牌名称前面加上企业名称。企业采取这种策略的好处是有利于产品享受企业的名声，迅速进入目标市场，同时又能突出个别产品的特色。

（四）品牌延伸决策

品牌延伸决策是指企业利用其成功品牌名称的声誉来推出改良产品或新产品，包括推出新的包装规格、香味、式样等。企业采取这种策略，可以节省宣传介绍新产品的费用，使新产品能迅速、顺利地打入市场。企业还可以在其耐用品类的低档产品中增加一种式样非常简单的产品，以宣传其品牌中各种产品的基价很低。公司可以利用这些“促销品”招徕顾客，吸引顾客前来购买式样较好的高档产品。

（五）多品牌决策

多品牌决策是指企业同时经营两种或两种以上互相竞争的品牌，这种决策由宝洁公司首创。一般来说，企业采取多品牌决策的主要原因有以下几点：

(1) 多种不同的品牌只要被零售商店所接受，就可占用更大的货架面积，而竞争者所占用的货架面积就会相应减少。上海家化的“美加净”“六神”等品牌的沐浴露，在抢占货架面积方面就取得了理想的效果。

(2) 多种不同的品牌可吸引更多顾客，提高产品市场占有率。一贯忠诚于某一品牌而不考虑其他品牌的消费者是很少的，大多数消费者是品牌转换者。因此，只有发展多种不同的品牌，才能赢得这些品牌转换者。

(3) 发展多种不同的品牌有助于在企业内部各个产品部门、产品经理之间开展竞争，提高效率。

(4) 发展多种不同的品牌可使企业深入各个不同的细分市场，占领更大的市场。

（六）品牌再定位决策

当一个品牌迟迟打不开市场，或随着时间推移出现品牌老化的现象，或竞争者继企业品牌之后推出其他的品牌，争夺了企业的市场份额，或顾客偏好转移，对企业品牌的需求减少，或公司决定进入新细分市场的时候，企业就应该对该品牌重新定位。这就是品牌再定位决策。

企业在进行品牌重新定位决策时，要全面考虑两方面的因素。一方面，企业要全面考虑把自己的品牌从一个细分市场转移到另一个细分市场的成本费用。一般来说，重新定位距离越远，其成本费用就越高。另一方面，企业要考虑把自己的品牌定在新的位置上能获得多少收入。

品牌年轻化：国货老品牌“百雀羚”值得借鉴

提起国货护肤品，人们脑海里浮现出的印象，莫过于那古旧的包装、低廉的价格，以及简单的诉求。百雀羚作为国货中的佼佼者，继1.53亿元独家赞助《中国好声音》第三季后，再斥资1.8亿元获得其第四季独家特约权。究竟是什么原因让一个总资产仅为40多亿元的品牌，竟花费1.8亿元去做一个综艺节目的赞助商呢？

下面我们来看看百雀羚是如何“回春”的。

悠久的历史

百雀羚创立于1931年，是国内屈指可数的、历史悠久的著名化妆品厂商。百雀羚悠久的历史，承载的光辉业绩，成就了其品质如金的美誉，让其成为众所周知的“老字号”。

发展的困境

在改革开放之后的几十年内，外资日化开始进军国内市场。它们凭借资本、技术、广告、营销、管理等综合优势，以及精美、时尚的产品外包装垄断、蚕食着中国市场。

本土品牌如百雀羚，则由于体制、市场、政策等原因，无法完全与国外的品牌抗衡，导致了与国际品牌“同龄不同命”的境遇，被人有意无意地贴上了“老化”“疲态”等标签。

新的品牌定位

品牌要懂得洞察这一代年轻人，因为他们终究会成长为主力消费群体。只有洞察年轻人的需求，才能抓住年轻用户。第一财经商业数据中心（CBNData）消费大数据显示，“90后”是线上美妆消费的主力人群，消费贡献超越了

“80 后”，并开始涉足高端“贵妇品牌”，人均消费以双位数快速提升。“90 后”“95 后”将引领大众消费市场。他们更加注重生活品质，更加注重精神消费，更加注重个人兴趣，更加注重健康，越来越萌宠化，追求精简和平衡未来，未来他们将发挥更多的力量。

提起百雀羚，人们想到的只有那款圆形蓝色铁盒香脂。百雀羚在年轻人心中留下了一个“传统老式国货”的印象。百雀羚没落几年后，一开始尝试走重振“经典国货”的线路，产品以凤凰甘油一号、凡士林保湿润肤霜为主，但市场反馈并不是很好。百雀羚展开了一次全国性的市场调研，从一线省会到三线城镇。调研团队走访了全中国 30 多个城市，得出一个结论——消费者信赖百雀羚的品质，同时觉得百雀羚过时了。

推出新产品，刷新传统形象认知

老品牌有很好的知名度，但容易被贴上“不时尚、过时”的标签。品牌与产品一样，有着自己的生命周期，唯有不断进行年轻化迭代，才能保持品牌活力，不被用户抛弃。于是，百雀羚更新品牌形象，升级产品定位，为年轻女性做草本类的天然配方护肤品，产品功能专注于保湿，赋予了品牌“草本护肤”的新概念。

随后推出了专门针对电商渠道和年轻消费者的“三生花”品牌。三生花主攻年轻人护肤和美妆市场。三生花古典风系列独特的东方美韵味，使大部分女性消费者冲着这款包装购买了这套产品。2017 年，百雀羚联合故宫推出文创礼盒极具宫廷风和东方美的包装礼盒，一上架就被抢购一空，广受欢迎。除了草本系列和三生花，百雀羚还推出了气韵、海之秘、小雀幸、小幸韵、百雀羚男生系列。多品牌策略，针对不同市场不同人群多品牌独立运营。

利用互联网营销刷屏

在创意营销方面以内容营销为主，迎合年轻人的喜好结合互联网营销，百雀羚推出《四美不开心》《过年不开心》《韩梅梅快跑》等鬼畜、魔性、无厘头甚至励志的视频。除了视频内容还从长图广告、鬼畜魔性广告入手，合作喜茶、快手、故宫文创等，百雀羚通过一系列新媒体营销，一次次刷新大众对这个“传统老式国货”形象的认知。

2020 年，百雀羚洞察当下 Z 世代个性化的消费诉求，根据三生花品牌的调性和理念，再次做品牌升级，并签约全新代言人，推出三生花玫瑰酵母密集修护面膜，为年轻造势的同时，重新定义 Z 世代眼中的“美”。

从百雀羚三生花“为自己盛开”的宣传片来看，站在女性角度为她们发声，“美”并不局限于外表，而是一种自定义的美，是自己为自己而盛放的美。简短的广告大片呈现出三生花别具一格的品牌调性和主张，和年轻一代消费者对美的认知形成共鸣。“别叫我美女，美不美，和别人无关……”透过画面，三生花向年轻消费者传递美的态度，鼓励每一个在追求个性路途中的人“为自己盛开”，这也是年轻人对美的理解。

百雀羚品牌年轻化战略

提到品牌年轻化，很多公司错误地将其理解为“迎合年轻人”，尽可能多地抓住年轻消费群体。所以做个年轻人喜欢的包装，更新一下品牌视觉形象，做些好玩、潮的推广，而这些都是形式上的迎合年轻人。品牌年轻化并不是一味地迎合年轻消费者，如果只是形式上的“年轻化”就可能会得罪了原有的消费群体，导致老用户的大量流失。

百雀羚通过“新产品＋新营销”组合，真实满足消费者的需求。除针对年轻消费者之外，还有定位中端、主打美白功效的“气韵”，还有以“海洋护肤”的“海之秘”，还有符合时代审美的“小雀幸”。百雀羚除了在品类上不断拓展，还推出符合年轻人消费需求的产品，在营销上捕捉年轻一代消费者价值观和生活方式。迎合年轻人的偏好不等于丢失品牌内涵。“品牌年轻化”的核心是“品牌”，不能为了年轻化而丢掉品牌的核心，要新的东西，但品牌历史绝对不能丢。

百雀羚品牌核心是传承“东方美”，既然是经典国货，百雀羚就以“东方美”为品牌核心进行推广。无论是三生花包装、三生三世长图广告、视频《四美不开心》、故宫文创、百雀羚·美什件《见微知著》，还是宣传片《她最好了》中都出现了古典造型。所有营销动作都在围绕东方美，更准确地说是对“美”的重新定义。

2018 年 10 月，百雀羚传承东方生活美学，在故宫的建福宫中，开展“致美东方生活美学论坛”,共同探讨美学的新走向。在百雀羚品牌年轻化战略的过程中,先聚焦打造品牌知名度,多品牌运营策略。品牌和产品同时升级,借助明星代言人、广告大片、新品首发的多重矩阵,持续为“美”发声。积极拥抱新媒体和互联网营销,和年轻人有效沟通和互动。捕捉年轻一代消费者价值观和生活方式,并非一味简单迎合潮流趋势。

(资料来源:https://zhuanlan.zhihu.com/p/266121891,有改动。)

任务四 制定产品包装策略

一、产品包装的定义

产品包装是指产品的外部包扎和容器。包装不仅反映了产品的外在质量,更是实现产品使用价值、吸引消费者眼球、树立产品和企业形象的重要手段。

二、产品包装的构成

市场营销学认为,产品包装一般包括以下三个部分:

(1) 首要包装,即产品的直接包装,如牙膏皮、啤酒瓶。

(2) 次要包装,即保护首要包装的包装物,如包装一定数量的牙膏的纸盒或纸板箱。

(3) 装运包装,即为了便于储运、识别某些产品的外包装。

此外,在产品包装上还有标签。这是为了说明产品而贴在产品上的招贴或印在产品包装上的文字、图案等。

标签上一般都印有包装内容和产品所包含的主要成分、品牌标志、产品质量等级、生产厂家、生产日期和有效期、使用方法等,有些标签上还印有彩色图案或实物照片,以促进销售。

三、产品包装的作用

（一）保护产品

良好的包装可以使产品在市场营销过程中和顾客保存产品期间不致损坏、变质、散落，保护产品的使用价值。

（二）促进销售

在实行顾客自我服务的情况下，更需要利用产品包装来向顾客宣传介绍产品，吸引顾客的注意力。现在商品包装的设计已成为市场营销的一个重要手段。

（三）增加价值

优良的包装能提升产品的身价，可使产品与包装相得益彰，让顾客乐意接受，避免出现“一等商品，二等包装，三等价格”的结果。

（四）提供便利

有良好包装的产品便于卖方储存、运输和管理，也有利于买方识别、购买、携带和使用。

四、产品包装营销策略

（一）类似包装策略

类似包装策略是指企业所有产品的包装在图案、色彩等方面均采用同一形式。这种方法可以降低包装的成本，扩大企业的影响。特别是在推出新产品时，可以利用企业原有的声誉，使消费者首先从包装上辨识产品，从而使企业迅速打开市场。

（二）等级包装策略

等级包装策略是指企业对自己生产经营的不同质量等级的产品分别设计和使用不同的包装。显然，这种依产品等级来配比设计包装的策略可使包装质量与产品品质等级相匹配。对高档产品采用精致包装，对低档产品采用简略包装，这种做法符合不同需求层次消费者的购买心理，便于消费者识别、选购商品，从而有利于企业全面扩大销售。当然，该策略的实施成本高于类似包装策略实施成本也是显而易见的。

（三）组合包装策略

组合包装策略是指把若干有关联的产品包装在同一容器中。组合包装策略不仅能促进消费者的购买，还有利于企业推销产品。特别是在推销新产品时，可将其与老产品组合出售，创造条件使消费者接受、试用。

（四）附赠品包装策略

附赠品包装策略是指在包装物内附赠品以吸引消费者重复购买的做法。包装物中的附赠品可以是玩具、图片，也可以是奖券。该包装策略对儿童、青少年，以及低收入者比较有效。这也是一种有效的促销方式。

（五）复用包装策略

复用包装策略也称双重用途包装策略，是指让包装物在被包装的产品消费完毕后还能移作他用。人们常见的果汁、咖啡等的包装即属此种。这种包装策略增加了包装的用途，不仅可以刺激消费者的购买欲望，还有利于扩大产品销售，同时可使带有商品商标的包装物在再使用过程中起到延伸宣传的作用。

（六）更新包装策略

更新包装就是改变原来的包装。更新包装策略是指让企业包装策略随着市场需求的变化而改变。一种包装策略无效后，依消费者的要求更换包装，实施新的包装策略，可以改变商品在消费者心目中的地位，进而达到迅速恢复企业声誉的效果。

士力架“昵称包”借社交圈向消费者发起“攻击”

还记得写着“白富美”“高富帅”“技术宅”“萝莉控”等昵称的可乐瓶吗？继可口可乐推出“昵称瓶”营销策略后，个性化包装风潮依旧继续。不过这次主角换成了美国玛氏食品旗下的能量巧克力棒产品士力架，其推出了“昵称包”。

士力架“饿货表情装”在中国上市时，在京东商城开启了“万人饿货拯救计划”（实则促销活动）。士力架最新系列广告片请来了扮演《甄嬛传》中华妃角色的蒋欣，在主打“横扫饥饿”口号的同时融入中国元素，用幽默搞笑的风格塑造品牌形象。

此次士力架延续了一贯的“You are not you when you are hungry”（你饿的时候就不是你了）的“饥饿营销”策略，把包装上的“SNICKERS”换成了各种昵称。但与可口可乐上那些印着积极向上昵称的瓶子不同，士力架包装印上了"戏剧化的(dramatic)""瞌睡的(sleepy)""呆滞的(spacey)""迟钝的(loopy)""暴躁的(cranky)""抠门的(curmudgeon)""傻傻的(goofball)""傲慢的(snippy)"等21种因饥饿而产生的各种症状的词语。词语略带贬义，有着黑色幽默的风格。除把所有饥饿会引发的副作用都写在包装上外，士力架还不忘用这些词造句，表达一个中心思想："朋友，你饿了。饿的时候你就不是你了，你都变成××样了啊！"

这个营销创意来自4A(美国广告代理商协会)广告公司BBDO。在他们的策划里，"昵称包"会在社交网络中向消费者发起"攻击"——他们鼓励消费者在社交网络上@与自己有相对应饥饿症状的朋友，形成互动。同时，与可口可乐可通过微博限量定制专属昵称瓶类似，士力架也在Twitter上发起了"你饥饿的时候你是什么"的小调查。消费者可登录相关网站，选择饥饿时的"自己"，然后通过上传照片合成恶搞头像，最后分享在社交网络上。在这一系列策划中，BBDO抓住了消费者心理——爱玩社交网络的年轻人之间流行互贴标签。

不仅如此，作为负责此次营销战役的BBDO还成立了一个临时"饥饿急救中心"。有接线员专门负责接听粉丝的电话，粉丝可向接线员描述自己朋友饿时的相应症状，接线员会派出骑行快递员给朋友送上相应的"饥饿巧克力棒"。

新包装不仅能让人们在饥饿时想到士力架，还能让他们在饥肠辘辘时通过这种有趣的方式与朋友、家人形成互动。

（资料来源：https://www.sohu.com/a/47178396_119248，有改动。）

任务五　制定新产品开发策略

一、新产品的概念与类型

微实训
疫苗的研发程序

（一）新产品的概念

一般意义上的新产品是指采用新技术原理、新设计构思研制、生产的全新产品，或在结构、材质、工艺等某一方面比原有产品有明显改进，从而显著提高产品性能或扩大使用功能的产品。市场营销学中的新产品不同于一般意义上的新产品，它是一个相对的概念，是相对于企业而言的新产品，而不一定是整个市场上最新发明或出现的产品。换句话说，凡是企业向市场提供的过去没有生产过的产品都被称为新产品。具体地说，只要是产品整体概念中的任何一部分的变革或创新，并且给消费者带来新的利益、新的满足的产品，就都可以被认为是一种新产品。

例如，党的二十大报告提出“加快规划建设新型能源体系”。中国石油天然气集团有限公司按照集团公司“清洁替代、战略接替、绿色转型”三步走总体部署，更加坚定大力发展新能源业务、助力我国如期实现“双碳”目标的决心与信心。内蒙古销售公司瞄准党的二十大报告提出的“推动绿色发展，促进人与自然和谐共生”新任务，携手合作商建设重卡换电站，根据所在地区的氢能发展规划布局，分批次有序开发加氢站，在有条件的库站试点开展光伏业务，努力让绿色综合能源成为消费者的新选择。

（二）新产品的类型

基于新产品的含义，新产品可以分为以下几类。

1. 全新产品

全新产品是指应用新原理、新技术或新材料，具有新结构、新功能的产品。该新产品在世界范围内都是首次开发的，能开创全新的市场。该种产品在所有新产品中的比例为10%左右。

2. 改进型新产品

改进型新产品是指在原有老产品的基础上进行改进，使产品在结构、功能、品质、花色、款式及包装上具有新的特点和新的突破。改进后的新产品，其结构更加合理，功能更加齐全，品质更加优秀，能更多地满足消费者不断变化的需要。该种产品在所有新产品中的比例为26%左右。

3. 模仿型新产品

模仿型新产品是企业对国内外市场上已有的产品进行模仿，并使其成为本企业的新产品。模仿型新产品在所有新产品中的比例为20%左右。

4. 形成系列型新产品

形成系列型新产品是指在原有的产品大类中开发出新的品种、花色、规格等，从而与企业原有的产品形成系列，扩大产品的目标市场。该类型产品在所有新产品中的比例为26%左右。

5. 降低成本型新产品

降低成本型新产品是以较低的成本提供同样性能的新产品，主要是指企业利用新科技、改进生产工艺或提高生产效率，削减原产品的成本，生产出保持原有功能不变的新产品。这种产品在所有新产品中的比例为11%左右。

6. 重新定位型新产品

重新定位型新产品是指企业的老产品进入新的市场而被称为该市场的新产品。这类新产品在所有新产品中的比例为7%。

二、新产品开发的意义

（一）开发新产品是企业生存和发展的根本保证

企业依靠产品来谋求生存和发展有两条途径：一条是增加原有产品的产量；另一条是开发新产品。任何产品都有生命周期，并且随着科技的发展，产品生命周期日益缩短。企业如果仅仅依靠原有产品，那么其寿命也会随着产品进入衰退期，最终退出市场。因此，企业如果想要生存发展，增加效益，就要不断地开发新产品。企业在原有产品进入成熟期后，推出新产品；当新产品又进入成熟期后，再推出第二代新产品。以此类推，企业就能在创新产品的过程中不断地发展。

（二）开发新产品是提高企业竞争能力的重要手段

企业的竞争是否具有优势取决于企业能否向市场提供满足需求的新产品。市场竞争的加剧迫使企业不断开发新产品。企业源源不断地推出领先产品，不仅可以提高市场份额，还可以获得超越竞争者的优势，迫使竞争者产品过时进而淡出市场。

（三）开发新产品能够更好地满足人们日益增长的物质和文化生活要求

随着自身的成熟，消费者不仅对产品质量的要求越来越高，其需求也日益呈现出多样化、个性化的特点。这就需要企业既要提高产品质量，又要开发更多富有个性的新产品。

三、新产品开发的方式

（一）自己开发

自己开发包括以下两种基本形式。

1. 独立研制

独立研制是指企业通过自己的研究开发力量来完成产品的构思、设计和生产工作。这种方式可以对产品进行有效的控制,包括控制产品的设计、质量、品牌等,甚至在某种程度上对价格也有决定权。

2. 协约开发

协约开发是指雇用独立的研究开发机构或企业为自己开发某种产品。这种方式可以弥补企业在技术力量上的不足。

(二) 获取现成的新产品

获取现成的新产品的方式可以分为以下几种。

1. 联合经营

如果某小企业开发出一种具有吸引力的新产品,则其他大企业就可以通过联合的方式共同经营该产品。这样,小企业不仅可以借助大企业雄厚的资金和销售力量扩大该产品的影响,提高自己的知名度,同时也能收回开发费用并获得满意的利润;大企业则可以节省开发新产品的相关费用。也有的大企业直接收购小企业,以取得该小企业的新产品经营权。

2. 购买专利

企业可以向有关科研部门、开发公司或其他企业购买某种新产品的专利权。这种方式能够节省时间,这在复杂多变的经济市场上极为重要。

3. 经营特许

某企业可以向其他企业购买新产品的特许经营权。例如,世界各地不少企业都争相购买美国可口可乐公司的特许经营权。

四、新产品开发的程序

(一) 产品构思

产品构思又称创意,是指对新产品的设想。产品构思的内容包括产品使用目的、基本功能、大致轮廓和大体的制造方法等。市场需求是开发新产品的出发点。产品构思主要来自用户、销售人员、科技人员;产品构思也可来源于中间商、企业生产人员和管理人员,乃至竞争对手。

(二) 构思的筛选

在对新产品的构思进行筛选时,企业必须考虑以下两个重要因素:

（1）所构思的新产品是否符合企业的目标，如利润目标、销售稳定目标、销售增长目标、总体营销目标等。

（2）企业是否具备足够的实力来开发所构思的新产品，这种实力包括经济和技术两个方面。

（三）形成产品概念

产品构思抽象地提出了开发新产品的方向和途径。企业在对其进行筛选后所形成的仍是抽象产品。把抽象产品具体化，需要从原理、结构、外形、性能等方面对筛选出来的产品构思进行初步的产品设计，以达到产品构思所提出的目标。

（四）商业分析

在对新产品进行初步设计的基础上，对新产品方案进行可行性研究，是进一步决定新产品取舍的重要环节。

（五）试制

新产品实体开发主要解决产品构思能否转化为在技术上和商业上可行的产品这一问题。它是通过对新产品实体的设计、试制、测试和鉴定来完成的。

（六）试销

新产品的试销是把经过鉴定的样品少量的投入生产，再按企业所制订的市场营销策略计划，将产品投放到小范围的市场，以观测用户的反应，并及时收集用户的反馈意见，以便对新产品做进一步的改进后再进行试销。这一过程有时要反复进行多次。

（七）正式投放市场

新产品经过试销获得成功后，企业就可以将新产品正式投入大批量生产。正式投产不仅需要大量的资金，还应注意产品上市的时间、地点及市场营销策略。

核心职业能力训练

一、实训目标

1. 知晓背景行业的主要目标市场，并分析各主要目标市场的特征，确定产品定位和企业定位策略。

2. 激发学生的创业积极性。

二、实训设计

1. 教师准备相关案例,引发学生思考。

2. 班级分成4～6个小组,每个小组8人;学生分组讨论产品的构思。

3. 对分组的学生进行分工,利用业余时间,形成产品市场定位报告。

三、实训方法

项目驱动法、示范法、讨论法、报告法。

四、实训准备

1. 学习场地与设施:多媒体教室。

2. 教师准备:案例、工作纸、考核标准、课后练习与实践任务等材料。

3. 学生准备:复习相关知识,提前上网查好相关资料。

五、实训过程

第一步,列出各项目组背景企业想要进入的主要目标市场。

第二步,列出目标市场的欲望、需求等特征。

第三步,分析各主要目标市场的特征。

第四步,确定背景企业在产品、服务、人员、形象等方面与竞争者的差别化。

第五步,准确选择背景企业的相对竞争优势。

第六步,分析背景企业在目标市场中的地位。

第七步,根据背景企业在目标市场中的地位,选择市场定位策略。

第八步,各项目小组根据背景企业采用的不同定位策略,进一步进行具体策略和方法选择。

第九步,形成市场定位报告。

六、实训评估

(一)学生自评

1. 产品所处周期阶段能否确定,策略是否可行。

2. 开发的某产品是否有市场,用户是否产生兴趣。

3. 各项目小组总结本组队员表现和得失以及经验教训。

（二）综合评估

1. 教师对各小组的表现进行评价打分。
2. 小组互评。
3. 各小组组长对组内成员的表现进行打分。
4. 教师点评和总结相应的知识点。

思考与练习

一 选择题

扫码即可进行在线测试。

二 简答题

1. 产品包括几个层次？
2. 产品生命周期可以划分为几个阶段？

三 案例分析

扫码阅读案例，完成下面的讨论题。

讨论题

小天才电话手表属于哪种新产品？广东小天才科技有限公司开发小天才电话手表属于哪种新产品开发方式？

项目七　制定价格

学习目标

了解影响企业定价的因素；

掌握企业定价的方法。

能力目标

能够根据实际情况合理选用定价方法；

能够识别目前市场上主要品牌产品的定价策略。

素质目标

认清非道德定价行为的弊端，形成健康的消费心理，养成科学的消费习惯。

引导案例

茵曼女装新品定价战略

服装公司不管选用成本导向定价法还是选用需求导向定价法，在实践运用中都是会依据商场环境、产品样式特征、买卖条件、用户心思等要素，采纳恰当的战略，对某种定价法做出灵敏调整，使产品的报价更简略，能为用户所承受。新品上市时，报价定位十分重要，其一方面影响用户对新品的接受度，另一方面也影响着新品的盈余大小。

(1) 形象款定价战略(高价)。产品定位为高价形象款，价值感很强。这些样式下单量少，占比在10%左右，上新品报价定得较高，以期尽量在短期内获取更多利润，尽快回收本钱。高价形象款是寻求在短期内完成盈利最大化的战略。这种战略有两个弊端，一是由于定价过高，短时间内必定会招来竞争对手的模仿，加大竞争的程度，二是由于报价过高，不利于自身迅速开拓市场。

(2) 引流款、爆款定价战略(贱价)。产品定位为流量款，其样式承接度高，性价比高，下单量较大，占比在20%左右。这种定价战略是将新品的报价定得尽量低一些，意图在于使新品迅速地被用户接受，提高市场的占有率，抢先获得市场上的领先地位，并能有效地排挤竞争对手，使自身能长时间较大份额地占有市场；缺点是减少许多盈余，盈利率低，出产量大，一旦产品有问题，就会形成许多库存。

(3) 惯例款定价战略(适中价)。产品定位为惯例款，占比在70%左右，定价适中，也是符合市场需求和运营状况的合理报价。

(资料来源：https://www. fx361. com/page/2019/0313/4875893. shtml，有改动。)

价格是反映市场供求变化最灵敏的因素，也是市场营销组合中最活跃的因素。产品价格定得是否合理，直接关系到产品是否为消费者所接受，进而影响产品和企业的形象，影响企业在市场上的竞争地位。因此，定价策略在市场营销活动中的地位十分重要，企业必须给予高度重视。

任务一　认识影响企业定价的因素

制定价格是一项复杂的工作，受多种因素的影响。这些因素主要分为企业内部因素和企业外部因素。企业内部因素包括企业目标和生产成本，企业外部因素包括市场需求、竞争、法律和政策。

一、企业目标

企业目标是指企业通过制定一定水平的价格所要达到的预期目的。通常，企业的定价目标可分为以生存为导向的定价目标、以销售为导向的定价目标和以利润为导向的定价目标。

（一）以生存为导向的定价目标

以生存为导向的定价目标又称维持生存的目标，是企业特定时期的过渡性目标。当企业经营不善，或市场竞争激烈、顾客需求偏好突然变化时，企业产品会销路不畅、大量积压，企业资金也会周转不灵，甚至企业还会面临破产的危险。此时，企业应以维持生存为主要目标。

在这种目标的引导下，企业为避免破产，应制定一个较低的价格，以保本价格或低于总成本的价格刺激消费者的购买欲望，将产品在短期内快速售出，以加快资金的回收速度，为企业继续经营、研制新产品赢得时间和财力。这种定价目标一般都是短期采用，企业最根本的目的还是盈利并获得长远发展。

（二）以销售为导向的定价目标

以销售为导向的定价目标是指企业通过追求市场份额，来巩固和提高市场占有率，达到维持或扩大市场销售量的目的。企业以销售为导向的定价目标主要有以下三种。

1. 以销售收入最大化为定价目标

以销售收入最大化为定价目标是指企业在保证一定利润水平的前提下，谋求销售收入的最大化。企业要想追求销售收入的最大化，在定价时就要保证总利润不低于一定的水平。只有这样，股东才会满意，才能吸引更多的资金助推企业进一步发展壮大。

2. 以保持和提高市场占有率为定价目标

市场占有率是企业经营状况和企业产品竞争力的直接反映，以保持和提高市场占有率为定价目标，市场占有率与利润的相关性很强。

市场占有率目标在运用时存在保持和提高两个互相递进的层次。保持市场占有率的定价目标的特征是根据竞争对手的价格水平不断地调整价格，以保证足够的竞争优势，防止竞争对手占有自己的市场份额。提高市场占有率的定价目标是从竞争对手那里夺取市场份额，以达到扩大企业销售市场乃至控制整个市场的目的。

3. 以保持与分销渠道的良好关系为定价目标

对那些需要经中间商推销的企业来说，保持分销渠道畅通无阻，是保证企业获得良好经营效果的重要条件之一。为达到这一目标，企业必须研究价格对中间商的影响，充分考虑中间商的利益，保证中间商有合理的利润，促使中间商有充分的积极性来经营本企业的产品。这种定价目标适用于刚进入市场的新企业和对中间商依赖性强的企业。为了保持与中间商的良好关系，企业大多采用低价让利、高额回扣、价格折扣、价格补贴、分期付款等措施。

（三）以利润为导向的定价目标

获取利润是企业生存和发展的必要条件，是企业经营的目标和动力。以利润为导向的定价目标为大多数企业所采用，主要有以下三种。

1. 以利润最大化为定价目标

以利润最大化为定价目标是指企业在一定时期内综合考虑各种因素后，以总收入减去总成本的最大差额为基点，确定单位产品的价格，以获得最大利润总额。

2. 以投资收益为定价目标

以投资收益为定价目标是指使企业在一定时期内能够收回投资并能获取预期的投资报酬的一种定价目标。投资收益率又称投资报酬率，是衡量企业经营实力和经营成果的重要标志，等于净利润与总投资之比，一般以一年为计算期，其值越高，说明企业的经营状况越好。采用这种定价目标的企业，应根据投资额规定的收益率计算出单位产品的利润额，加上产品成本作为销售价格。

3. 以合理利润为定价目标

以合理利润为定价目标是指企业为避免不必要的价格竞争，在补偿正常的情况下，在社会平均成本的基础上，适当地加上利润作为产品价格，以适中、稳定的价格获得长期利润的一种定价目标。这种定价目标是一种兼顾企业利益和社会利益的定价目标。但是，企业以合理利润为定价目标时常常会受到产销量、投资成本、竞争格局、市场接受程度等因素的限制。因此，企业一般不宜设定这种定价目标。

二、成本

成本是企业能够为产品设定的底线价格。企业在制定产品的价格时，如果不能覆盖生产、分销、管理等方面的成本，就有可能亏本，不仅不能给投资人带来相应的回报，甚至会无法生存。

企业的成本分为两种，即固定成本和可变成本。固定成本是指不随产量变化而变化的成本，如企业不管是否开工，都必须支付的每月的厂房租金、设备维护费用、管理人员的工资及其他方面的开支。而可变成本随生产量水平的变化而变化，如员工的工资、水电费、运输费等。在产出水平一定的情况下，产品的总成本等于固定成本和可变成本之和。企业在制定价格策略时必须考虑不同成本的变动趋势。

三、需求

市场需求与产品价格存在密不可分的关联。企业生产某种产品是基于市场上存在对应的需求，而这些需求会影响产品的定价；企业产品的价格又会影响顾客对它的需求。因此，测定市场需求状况是制定价格的重要工作。在对市场需求的测定中，要了解市场需求对价格变动的反应，即需求弹性。需求弹性是指需求量变动对价格变动的敏感程度，用需求量变化的百分比除以价格变化的百分比表示，其值被称为弹性系数。

需求弹性对企业收益具有重要的影响。需求弹性和总销售收入的关系是：如果弹性系数小于1，就表示缺乏弹性，则需求量（销售量）减少的幅度小于价格上升的幅度，此时可用提价策略，增加销售收入；如果弹性系数大于1，就表示富有弹性，则需求量（销售量）增加的幅度大于价格下降的幅度，此时可用降价策略，增加销售收入；如果弹性系数等于1，就表示为标准弹性，则价格变动不会引起销售收入变动，可采用随行就市的策略；如果弹性系数等于0，就表示无弹性，可采用提价策略。

四、竞争对手

影响企业定价决策的另一个重要因素是竞争对手，因为在大多数情况下，市场上同一行业内并非只有一家公司。在制定价格之前，应该对市场上竞争对手的产品价格、质量及其他各方面的特性有一个全面的了解，并以此为基础对自身的产品进行定位。如此，才能使自己的产品价格更有针对性和竞争力。一般来说，如果二者各方面特性大体一致，则二者价格也应大体一样，否则，定价过高可能导致产品卖不出去；如果本企业产品质量较好，则产品价格可以相应地提高；如果本企业产品质量较差，则产品价格也应定得低一些。还应注意，竞争对手可能随机应变，针对企业的产品价格而调整市场营销组合的其他变量，从而与企业展开竞争。与此对应，对于竞争对手价格的变动，企业也要及时掌握有关信息，做出明智的反应。

五、法律和政策

随着市场经济的发展，价值规律、供求规律和竞争的自发作用会产生某些无法自我完善的弊端。对此，各国都制定了针对企业定价行为的相关法律和政策，对市场价格进行管理。这些法律和政策，有的是监督性的，有的是保护性的，有的是限制性的。它们在市场经济活动中制约着市场价格的形成，是各类企业制定产品价格的重要依据。例如，美国的反垄断法禁止企业间联手操纵价格，禁止某企业意图排挤竞争对手的低价竞争。

思政材料
稀土的价格

任务二 掌握企业定价方法

一、成本导向定价法

成本导向定价法以产品成本为基础，加上一定的利润和税金来确定产品价格。其特点是简便、易用，是目前最基本也是最常用的一种定价方法。比较常用的成本导向定价法有成本加成定价法和目标利润率定价法。

（一）成本加成定价法

成本加成定价法即将产品单位成本加上一定比例的加成率（毛利）定出销售价。其计算公式为

产品单价＝产品单位成本×(1＋产品的加成率或预期利润率)

成本加成定价法以产品单位成本为基础来定价，可以大大简化企业的定价程序，也可以缓和同行业间的价格竞争，还可以使定价对买卖双方都比较公平，因为在这种情况下，卖方只是“将本求利”。但这种定价方法忽视了市场竞争和供求状况的影响，缺乏灵活性，难以适应市场竞争的变化形势。

这种方法在企业的产品生产成本小于或等于相同产品的社会必要生产成本的情况下是合理的，而当企业的产品生产成本大于相同产品的社会必要生产成本时，采用此方法就有可能导致滞销。小米产品是采用成本加成定价法的典型。小米产品以产品单位成本为依据，加上预期利润来确定价格。

（二）目标利润率定价法

目标利润率定价法是根据企业所要实现的目标利润来定价的一种方法。目标利润率定价法的关键是使产品的售价能保证企业达到预期的目标利润率。企业根据总成本和估计的总销售量，确定期望达到的目标收益率，然后推算出价格。其计算公式为

单位商品价格＝总成本×(1＋目标利润率)/ 预计销量

目标利润率定价法可以较好地完成投资回收计划，且计算比较简单，实现一定的销售额后即可获得预期的利润。但这种方法只从卖方的利益出发，未考虑竞争因素和市场需求情况，而且以销售确定价格，与价格影响销售的规律相反。所以，一定要注意估算好产品售价与期望售价之间的关系，尽量避免确定了价格而销量达不到预期的情况出现。

二、需求导向定价法

需求导向定价法又称顾客导向定价法或市场导向定价法，是指以顾客的需求强度及对价格的承受能力作为定价的依据来制定价格的定价方法。需求导向定价法是随着营销观念的更新而产生的定价方法。常见的需求导向定价法有理解价值定价法、威望定价法和价值定价法。

（一）理解价值定价法

理解价值定价法是以消费者对产品价值的感受和理解程度作为定价基本依据的定价方法。把买方的价值判断与卖方的成本费用相比较，定价时更应侧重考虑前者。消费者对产品价值的理解不同，会形成不同的价格限度。如果价格刚好定在这一限度内，消费者就会顺利购买。为了加深消费者对商品价值的理解程度，企业在定价时首先要明确产品的市场定位，突出本企业的产品特性，拉大与市场上同类产品的差异，并综合运用多种营销手段，加深消费者对其产品的印象，使消费者感到购买这种产品能获得更多的相对利益，从而提高他们接受价格的限度。企业则据此提出一个可销价格，进而估算在此价格水平下产品的销售量及盈利状况，最后确定实际价格。例如，苹果手机主要采用的是理解价值定价法。

小案例

卡特彼勒的拖拉机定价法

美国卡特彼勒公司运用理解价值定价法以每台拖拉机高出竞争对手同类型产品4 000美元的价格，成功地推销了自己的产品。该公司在宣传推销中影响用户价值观念的主要内容如下：

(1) 本企业产品与竞争者产品一般质量相同，应定价 20 000 美元。

(2) 耐用性高于竞争者产品，应加价 3 000 美元。

(3) 可靠性高于竞争者产品，应加价 2 000 美元。

(4) 维修服务措施周到，应加价 2 000 美元。

(5) 零部件供应期较长，应加价 1 000 美元。

(6) 为顾客提供价格折扣，应降价 4 000 美元。

(7) 企业拖拉机实际售价 24 000 美元。

这样一算，加深了顾客对该公司产品性能价格比的理解，使众多顾客宁愿多付出 4 000 美元也不愿意放弃购买。结果卡特彼勒公司的拖拉机在市场上十分畅销。

（二）威望定价法

消费者一般有求名望的心理。根据这种心理行为，企业将有威望产品的价格定得比市场同类产品的价格高，以满足消费者的此种购买心理。这种定价方法能有效地消除消费者的购买心理障碍，使消费者对产品形成信赖感和安全感，从购买和使用该产品中得到荣誉感。奢侈品比较适合采用这种定价方法。

（三）价值定价法

价值定价法是指以相当低的价格出售高质量的产品。价值定价的一个重要形式是天天低价。人们在逛街时经常会看到“含泪大甩卖”“吐血大甩卖”“搬迁甩卖”等招牌。这些其实都是商家进行促销的手段。这种大降价策略在很多时候确实是比较奏效的，如沃尔玛的“天天低价”运用的就是这种策略。当然，价值定价法不仅仅是单纯地采用低价战略，更重要的是企业需要进行战略重组，重新设计自己的运营程序。这样，企业就会针对价值链中的每项活动进行评估，以发现问题、降低成本、提高效率，实现以较低的价格出售质量较高的产品。

三、竞争导向定价法

竞争导向定价法以市场上相互竞争的同类产品价格作为定价的基本依据，并随竞争状况的变化确定和调整价格水平。竞争导向定价法的具体形式主要有随行就市定价法和密封投标定价法。

（一）随行就市定价法

随行就市定价法是指企业根据同行业的平均价格水平进行产品定价的方法。这是一种简便、稳妥、风险较小的定价方法。企业一般在打算与竞争者和平相处、竞争者不明确、难以估算成本及需求时采用此种定价方法。在这种定价方法下，大企业通常是价格的领导者，中小企业是领导者的跟随者。

（二）密封投标定价法

密封投标定价法是指由招标者(买方)公开招标，投标者(卖方)竞争投标，密封递价，买方择优选取，到期公布中标者名单，中标企业与买方签约成交的一种定价方法。在国外，许多大宗商品、原材料、建筑工程、大型设备、政府的大宗采购等通常采用密封投标定价法。近几年，密封投标定价法在我国使用得越来越广泛。

老干妈背后的残酷商业模式

价格往往决定着品牌和目标人群的定位。价格变动不只会导致企业利润和销量的变化，也是企业品牌定位的转移。尤其是在企业领先市场的情况下，提价往往是给对手让出价格空间。老干妈深得此要领。

以老干妈的主打产品风味豆豉和鸡油辣椒为例，其主要规格为 210 克和 280 克，其中 210 克规格的产品锁定 8 元左右的价位，280 克规格的产品占据 9 元左右的价位(不同终端价格有一定差别)，其他主要产品根据规格的不同，价格也大多集中在 7～10 元。

基于老干妈的强势品牌力，其他品牌只能选择价格避让。例如，李锦记 340 克风味豆豉酱定价在 19 元左右，小康牛肉酱 175 克的定价在 8 元左右。它们要么总价高，要么性价比低，都难与老干妈抗衡。

这就造成了整个调味酱行业定价难，低于老干妈没利润，高过老干妈没市场。老干妈的价格一直非常稳定，坚守价格定位，价格涨幅微乎其微，不给对手可乘之机。在老干妈本身强势的品牌力下，竞争对手们要么为了低价导致低质，要么放弃低端做高端，而佐餐酱品类又很难支撑高端产品。

（资料来源：https://www.sohu.com/a/207491318_275750，有改动。）

任务三　熟悉企业定价策略

定价策略是指企业为了实现预期的经营目标，把产品定价与企业市场营销组合的其他要素有效结合起来，制定最有利的产品价格，实现企业营销的目的。定价策略主要有以下几种。

一、折扣定价策略

折扣定价策略是一种减价策略，即在原来定价的基础上减少一定比例的货款。折扣定价策略具体包含以下几种类型。

（一）数量折扣定价策略

数量折扣是指按购买产品数量的多少，分别给予不同的折扣。购买产品数量越多，折扣越大。给予数量折扣的目的是鼓励大量购买或集中向本企业购买。数量折扣包括累计数量折扣和一次性数量折扣两种形式。

累计数量折扣是指规定顾客在一定时间内，若购买产品达到一定数量或金额，则按其总量给予一定折扣。其目的是鼓励顾客经常向本企业购买，成为可信赖的长期客户。这种定价方法并不适合于那些不宜一次大量购买、易变质的产品，如食品、蔬菜、水果等。

一次性数量折扣是指规定顾客若一次购买某种产品达到一定数量或购买多种产品达到一定金额，则给予折扣优惠。其目的是鼓励顾客大批量购买，促进产品多销、快销。

（二）现金折扣定价策略

现金折扣是对在规定的时间内提前付款或用现金付款的人给予的一种价格

折扣。其目的是鼓励顾客尽早付款，加速资金周转，降低销售费用，减少财务风险。采用现金折扣定价策略时一般要考虑三个因素：折扣比例、给予折扣的时间限制和付清全部货款的期限。

（三）功能折扣定价策略

功能折扣又称贸易折扣、交易折扣，是生产商提供给分销渠道成员的一种折扣方式。中间商在产品分销过程中所处的环节不同，所承担的功能、责任和风险也不同，企业据此给予其不同的折扣。功能折扣的比例主要受中间商在分销渠道中的地位高低、对生产企业产品销售的重要性、购买批量多少、完成的促销功能好坏、承担的库存情况、服务水平的高低和履行的商业责任多少等因素的影响。

（四）季节折扣定价策略

季节折扣是对淡季购买商品或服务的顾客提供的一种折扣形式。这种折扣方式并不适用于所有产品。例如，啤酒生产厂家对在冬季进货的单位给予大幅度让利，冰箱生产商在冬季向零售商提供折扣，羽绒服生产企业则为夏季购买其产品的客户提供大幅度的折扣。季节折扣比例的确定，应考虑成本、储存费用、资金利息等因素。季节折扣有利于减少商品库存，加速商品流通，收回流动资金，充分发挥企业的生产和销售潜力，避免因季节需求变化而带来的市场风险。

》二、心理定价策略

心理定价策略是指依据消费者的购买心理来调整价格的策略。心理定价主要有以下几种形式。

（一）整数定价策略

整数定价就是采取合零凑整的办法，把价格定在整数或整数水平以上，给人以较高一级档次产品的感觉。消费者认为较高一级档次的产品能显示其身份、地位等，能得到一种心理上的满足。

（二）尾数定价策略

尾数定价是指保留价格尾数，采用零头标价，将价格定在整数水平以下，使价格保留在较低一级档次上。尾数定价一方面给人以便宜感，另一方面因标价精确给人以信赖感。对于需求弹性较大的商品，尾数定价往往能带来需求量大幅度的增加。

（三）声望定价策略

声望定价是指针对消费者“一分钱一分货”的心理，对在消费者心目中享有声望、具有信誉的产品制定较高价格。价格高低时常被当作商品质量好坏最直观的反映，特别是在消费者识别名优产品时，这种意识尤为强烈。声望定价不仅在零售商业中被广泛应用，在饮食、服务、修理、科技、医疗、文化教育等行业也被广泛运用。

（四）习惯定价策略

习惯定价是指按照消费者的习惯性标准来定价。日常消费品一般采用习惯定价，因为这类商品一般易于在消费者心目中形成一种习惯性标准，如符合其标准的价格容易被顾客接受，否则易引起顾客的怀疑。因此，这类产品价格力求稳定，在不得不涨价时，应采取改换包装或品牌等措施，消除消费者的抵触心理，并引导消费者逐步接受新的习惯性标准价格。

（五）招徕定价策略

招徕定价是指将产品价格调整到低于价目表价格，甚至低于成本费用，以招徕顾客促进其他产品的销售。例如，饭店每天推出一款特价菜，以吸引顾客前来品尝。

三、差别定价策略

（一）顾客细分定价策略

顾客细分定价策略是指企业对同一产品或者服务按照不同的价格卖给不同顾客的定价策略。例如，公园对待不同的顾客，收费标准是不一样的；公共交通工具针对老人和一些特殊人群，收费是不同的。

（二）产品式样定价策略

产品式样定价策略是指企业对不同规格、品种、式样的产品制定不同的价格的定价策略，但这一价格相对于它们各自的成本是不成比例的。例如，现在市场上销售的台灯，按照有无调节明暗的功能来定价。

（三）地点定价策略

地点定价策略是指企业对处于不同地点的同一产品制定不同价格的定价策略，即使在不同地点提供的产品的成本也是相同的。例如，观看演唱会时的门票，按照位置的好坏价格会不同，因为不同位置的欣赏效果是不同的，消费者愿意为了得到好的位置而多付钱。

（四）时间定价策略

时间定价策略是指企业对不同季节、不同时期甚至不同钟点的产品或服务，分别制定不同价格的定价策略。例如,长途电话费用在白天和晚上是不同的。

“无积压商品”的蒙玛公司

蒙玛公司在意大利以“无积压商品”而闻名,其秘诀之一就是对时装分多段定价。它规定新时装上市,以3天为一轮,凡一套时装以定价卖出,每隔一轮都按原价削减10%,以此类推,到10轮(一个月)之后,蒙玛公司的时装价就削减到原价35%左右的成本价了。针对这时的时装,蒙玛公司就以成本价售出。因为时装上市仅1个月,价格已跌到1/3,谁还不来买?所以一卖即空。蒙玛公司最后结算,赚钱比其他时装公司多,又没有积货的损失。

四、地理定价策略

所谓地理定价策略,是指企业对卖给不同地区(包括当地和外地)顾客的某种产品,是分别制定不同的价格,还是制定相同价格的策略。也就是说,企业要决定是否制定地区差价。

(一)按产地在某种运输工具上交货定价策略

离岸价(free on board,FOB)是一种贸易条件,是指企业(卖方)需负责将某种产品(货物)运到指定地的某种运输工具(卡车、火车、船舶、飞机等)上交货,并承担一切风险和费用;交货后一切风险和费用(包括运费)概由顾客(买方)承担。而所谓按产地在某种运输工具上交货定价(FOB origin pricing),是指顾客按照出厂价购买某种产品,企业只负责将这种产品运到产地在某种运输工具(卡车、火车、船舶、飞机等)上交货,交货后从产地到目的地的一切风险和费用概由顾客承担。如果按产地在某种运输工具上交货定价,那么每名顾客都要各自负担从产地到目的地的运费,这是合理的。但是这样定价对企业也有不利之处,即外地的顾客可能不愿购买该企业的产品,而愿意购买当地企业的产品。

(二)统一交货定价策略

统一交货定价和前者正好相反。所谓统一交货定价,是指企业对卖给不同地区顾客的某种产品,都按照相同的厂价加相同的运费(按平均运费计算)定价,也就是说,对不同地区的顾客,不论远近,都实行统一价,如邮资定价(目前我国邮资采取统一交货定价）。

（三）分区定价策略

分区定价介于前两者之间。所谓分区定价，是指企业把全国或某些地区分为若干价格区，对卖给不同价格区顾客的某种产品，分别制定不同的地区价格。距离企业远的价格区，价格定得较高；距离企业近的价格区，价格定得较低。企业在每个价格区范围内实行统一价。

（四）基点定价策略

基点定价即企业选定某些城市作为基点，然后按原价加上从基点城市到顾客所在地的运费来定价（不管货实际上是从哪个城市起运的）。美国的制糖、水泥、钢铁、汽车等行业多年来一直采取基点定价策略。有些公司为了增强灵活性，会选定许多个基点城市，按照离顾客最近的基点来计算运费。

（五）运费免收定价策略

在西方国家，有些企业因为急于和某些地区的顾客做成生意，所以负担全部或部分实际运费。这些卖主认为，如果生意扩大，其平均成本就会降低，因此足以抵偿这些费用开支。采取运费免收定价策略，企业可以加深市场渗透，并且能在竞争日益激烈的市场上站稳脚跟。

五、产品组合定价策略

产品组合定价策略是指处理本企业各种产品之间价格关系的策略，是对不同组合产品之间的关系和市场表现进行灵活定价的策略。

常用的产品组合定价策略有以下几种。

（一）产品线定价策略

产品线定价是指企业对产品线内的不同产品，根据不同的质量和档次、顾客的不同需求及竞争者的产品情况确定不同价格的定价形式。采用这种定价策略时应考虑三个因素，即各产品间的成本差距、顾客对各产品的评价及心理要求、竞争对手同类产品的价格水平。企业一般的做法是设定级差价格，使价格呈阶梯状结构。其具体做法为：确定某产品的最低价格，使其充当价格领袖；确定某产品的最高价格；确定其他产品的价格。

（二）附带品定价策略

对于配套使用的产品，会遇到主产品和附带品或相关配套品的定价关系的问题。例如，刀架和刀片、照相机和胶卷、计算机的硬件和软件、饭菜和酒水饮料的定价，都要考虑这个问题。附带品定价通常有两种做法：一是主产品定低价用来吸引消费者，附带品定高价用来获取利润，弥补经营损失；二是主产品定高价用以获取利润，附带品定低价用以吸引顾客。

（三）两部定价策略

两部定价是指企业将产品价格分为两个部分。移动运营商和游乐园的收费常采取这种形式，前者是月租加使用费，后者是门票加项目费。使用两部定价比较适合的做法是前一项收费低，用以吸引顾客；后一项收费高，用以获取利润。

（四）捆绑定价策略

捆绑定价是指企业将数种产品组合在一起以低于分别销售时支付总额的价格销售的定价形式。例如，家庭影院的定价是大屏幕电视、数字视频播放设备和音响的捆绑定价。

六、新产品定价策略

（一）撇脂定价策略

撇脂定价策略是指企业在产品生命周期的初级阶段会把价格制定得很高，以攫取最大利润，有如从鲜奶中撇取奶油。企业之所以这样做，是因为有些购买者主观认为某些商品具有很高的价值。从市场营销实践来看，企业在以下情况可以采取撇脂定价策略：

（1）市场有足够多的购买者，他们的需求缺乏弹性，即使把价格定得很高，市场需求也不会大量减少。

（2）高价使需求减少，因而产量减少，单位成本增加，但这不会抵销高价所带来的利益。

（3）在高价下，仍然独家经营，无其他竞争者。有专利保护的产品就是如此。

（4）产品的价格定得很高，可使人们产生这种产品是高档产品的印象。

（二）渗透定价策略

渗透定价策略是指企业把其创新产品的价格定得相对较低，以吸引大量顾客、提高市场占有率。从市场营销实践来看，企业采取渗透定价策略需具备以下条件：

（1）市场需求对价格极为敏感，因此低价会刺激市场需求迅速增加。

（2）企业的生产成本和经营费用会随着生产经营经验的增加而下降。

（3）低价不会引起实际和潜在的竞争。

（三）满意定价策略

满意定价策略是一种介于撇脂定价策略和渗透定价策略的简便易行的定价策略，即比撇脂定价策略的价格低，比渗透定价策略的价格高。在新产品投放市场时制定适中的价格，既能保证企业获得一定的初期利润，又能为广大顾客所接受。

核心职业能力训练

一、实训目标

能够分别按成本导向、需求导向、竞争导向为企业产品确定合理价格，并设计具有吸引力的价格策略。

二、实训设计

1. 教师结合企业资源计划（ERP）课程的相关知识，让学生利用定价策略分组进行竞赛。

2. 班级分成4～6个小组，每个小组6～8人；学生分组进行沙盘仿真定价竞赛。

三、实训方法

项目驱动法、示范法、讨论法、沙盘仿真模拟法。

四、实训准备

1. 学习场地与设施：多媒体教室。

2. 教师准备：案例、工作纸、考核标准、课后练习与实践任务等材料。

3. 学生准备：复习相关知识，提前上网查好相关资料。

五、实训过程

利用ERP软件平台进行定价策略竞赛。

六、实训评估

（一）学生自评

1. 本组有没有进行产品价格各影响因素的分析。
2. 本组选择的产品定价方法是否符合要求，能否达到企业目标。
3. 各项目小组总结本组队员表现和得失以及经验教训。
4. 小组内各成员分工是否合理有序。

（二）综合评估

1. 教师对各小组的表现进行评价打分。
2. 小组互评。
3. 各小组组长对组内成员的表现进行打分。
4. 教师点评和总结相应的知识点。

思考与练习

一 选择题

扫码即可进行在线测试。

二 简答题

1. 简述影响企业定价的因素。
2. 简述企业定价的方法。
3. 心理定价策略有哪几种形式？请列举一个你见过的运用心理定价策略的例子。
4. 请列举一个运用差别定价策略的例子。
5. 请列举一个运用新产品定价策略的例子。

三 案例分析

扫码阅读案例，完成下面的讨论题。

讨论题

产品定价的影响因素有哪些？新冠肺炎疫情等因素对全球化供应链的冲击将会如何影响产品定价？

项目八　遴选分销渠道

学习目标

了解分销渠道的结构；

了解中间商的类型和各类中间商的职能；

了解分销渠道设计的影响因素；

掌握分销渠道设计的流程；

了解解决分销渠道冲突的方法。

能力目标

能够设计分销渠道；

能够对分销渠道的各类成员进行管理。

素质目标

综合运用所学的有关营销学的知识和方法，在面对剧烈的市场变化时能够进行营销变革。

引导案例

格力电器渠道改革历史

珠海格力电器股份有限公司主营业务为生产销售空调器、自营空调器出口业务及其相关零配件的进出口业务。公司的主要产品为空调、生活电器、智能装备。

1990—1994年是格力销售渠道初步建设时期，由销售员前往全国各地推销。

1994—1996年是格力的第一次渠道改革，渠道模式转变为大型经销商阶段。公司与各地大型经销商合作，采用基于一级经销商来开发二、三级分销商或零售商的营销体制，实施销售返利政策，通过年终返利和淡季返利政策刺激经销商的积极性。

1997—1999年是格力的第二次渠道改革，渠道模式变为联合代理模式。某区域内(首先在湖北)，格力牵头与多家经销商共同出资成立区域股份制销售公司，形成利益共同体，以该公司为主体进行同一定价出货给二、三级经销商，最终统一享受销售公司的分红利得，实现统一批发、统一价格、统一渠道、统一管理和统一服务，建立起联合代理模式，由此大户之间形成利益共同体。

2000—2003年是格力的第三次渠道改革，渠道模式变为专业代理模式。2001年，格力在湖北成立湖北新兴格力电器销售有限公司，取代原联合代理的公司"湖北格力销售公司"负责对市场进行监管；2002年，各地新销售公司相继建立，模式基本是在当地成立由格力电器和经销商联合组成的合资公司；2003年，格力对各地股份制销售公司增资控股，使其直接成为格力驻当地的分公司，与二、三级经销商直接合作。

2004—2013年是格力的第四次渠道改革，渠道模式变为经销商参股格力的专业代理模式+自建格力专卖店网络。在原有专业代理模式的基础上，格力集团将其持有的10%的格力电器股权转让给由10家重要经销商出资建立的公司的河北京海担保投资有限公司，成为当时格力电器的第二大股东，当时持股53万+股份，比例为8.91%。北京盛世恒兴格力国际贸易有限公司成立，此后格力的销售渠道逐渐剥离给北京盛世恒兴格力国际贸易有限公司，并由旗下的多家盛世欣兴负责格力品牌的渠道管控，自建专卖店网络。

2013—2019年是格力的第五次渠道改革，渠道模式变为线上线下双管齐下。格力组建电商团队，入驻京东、入驻天猫、苏宁，自建格力商城、销售公司区域性电商平台等，展开线上销售模式。

2019年以来，格力开始了新的渠道改革，渠道模式变为扁平化渠道、新零售。格力电器根据区域销售公司每年销量分配提货任务，再由区域销售公司统一管理线下经销商打款提货，由于区域销售公司、代理商等多个环节存在加价行为，致使格力电器线下产品价格高。线上线下相互结合，消费者可在线上浏览选定，然后去线下店购买，仍可在线下店体验产品和听取导购介绍，线下可将顾客引流至线上下单购买，线下店扮演产品展示介绍体验的角色，收取服务费。

（资料来源：https://xueqiu.com/6003204069/189669791，有改动。）

分销渠道是企业把产品向消费者转移的过程中所经过的路径，这个路径包括企业自己设立的销售机构、代理商、经销商、零售商等。对产品来说，分销渠道不对产品本身进行增值，而是通过服务增加产品的附加价值；对企业来说，分销渠道起到完成物流、资金流、信息流、商流的作用。不同的行业、不同的产品、企业不同的规模和发展阶段，分销渠道的形态都不相同，绝大多数分销渠道要经过由制造商到消费者这两个环节。

任务一　认识分销渠道

一、分销渠道的含义

分销渠道又称营销渠道或分配渠道，是产品或服务在投入使用或者消费的过程中涉及的一系列相互联系的组织，是产品或服务被生产出来后，被最终用户购买和使用过程中的一整套途径。因此，分销渠道不是由单一渠道构成的，而是由若干条相互补充、相互配合的渠道共同形成的系统。

思政材料
"直播+"让"造血式"扶贫加速度

二、分销渠道的结构

（一）分销渠道的长度结构

分销渠道的长度是指从制造商到最终消费者之间所经历的渠道层次的数目。不同的企业采用不同长度的分销渠道。当企业需要确定组织中分销渠道的长度时，其可以参考以下几个因素。

1. 分销渠道的级数

分销渠道按照中间商的数量多少来分类，可以分为零级渠道、一级渠道、二级渠道和三级渠道。

（1）零级渠道。零级渠道是指制造商直接将商品销售给最终用户，中间不经过任何环节，又称直接渠道。它是分销渠道中最短、最直接的渠道结构，主要形式有上门推销、邮寄、电话推销、电视直销、网上销售等。

（2）一级渠道。一级渠道是指制造商在开展商品的分销过程中引入且仅引入一个中间商。对生活消费类产品而言，其中间商通常就是零售商；对生产资料类产品而言，其中间商通常是代理商或者经销商。

（3）二级渠道。二级渠道是包括两级中间商的渠道。这两级中间商大多由批发商和零售商组成。这种渠道形式在日常消费品的流通中被使用得更为广泛。

（4）三级渠道。三级渠道是指包含三级中间商的渠道。一些消费面广的日用品，如肉类食品及包装小食品，需要大量零售机构分销，其中许多小型零售商通常不是大型批发商的服务对象。对此，需要在批发商和零售商之间增加一级专业性经销商，为小型零售商服务。

对制造商来说，渠道级数越多，就越难控制，获得最终消费者的信息也就越困难；对消费者来说，渠道级数越多，获得的渠道服务水平就越高，商品的价格也就越高。

小案例

直播带货

对于个体来说，直播带货的广泛应用能让更多普通人拥有更多可能性；对于企业来说，直播带货能实现长久以来追求的"品效合一"，即在做广告的同时也能增加收益。现在，除了头部带货，很多明星、主播甚至是企业 CEO 也开始进入直播间带货。例如，格力董事长董明珠，带货 4 次，就使销售业绩实现从 23 万、3.1 亿 到 7 亿，再到 65.4 亿的增长！很多人认为直播带货就是将货物准备好，然后找一个主播在直播间让观众购买即可。然而董明珠的直播带货模式比较特别，主要有以下三点。

1. 给经销商分配专属渠道码，将线下流量引导至线上

区别于普通商家，董明珠的直播带货会在中间增加经销商这一层，不仰赖主播直接对接消费者，而是将消费者先对接到 B 端，再对接到 C 端。直播开始前，经销商会用带参数的专属二维码，在各个渠道主动推广直播，邀请消费者进入直播间。直播结束后，格力会根据每个二维码带来的业绩给经销商分奖金。

2. 设置膨胀金，增加用户参与感，提高转化率

扫码进入直播间的用户都会有膨胀金。膨胀金是很多电商都熟知的“玩法”。例如，顾客先付 9.9 元作为膨胀金，膨胀金在直播购买的过程中会变成金额不等的优惠券，但无论顾客是否购买商品，膨胀金都不会退还。这种做法，一方面可以确保用户到场，另一方面可以增加用户的参与感，提高转化率。

3. 互惠共赢的直播带货业绩分成模型

假设空调的进货价是 2 800 元，正常的售价为 3 200～3 500 元，但在董明珠的直播间可能只卖到 2 900 元。那么经销商和格力如何赚钱呢？

(1) 经销商如何赚钱？首先，直播间的成交量很大。如果某个经销商通过直播销售了 1 000 台，总利润加上奖金，本身就是盈利的。其次，就算顾客不是通过经销商，而是通过其他渠道进入的直播间，总部也会根据顾客的收货地址，将订单交给经销商出货。由于这种大型空调需要安装和售后服务，虽看似没有直接的销售利润，但经销商可以获得安装服务费，同时还可以获得新顾客资源。

(2) 格力如何赚钱？有人曾分析过，格力 65 亿的销售额中，80% 由格力的顾客创造，20% 源于其他品牌顾客。这就相当于格力以自降 10% 利润的方法，争取到了 20% 的其他品牌的顾客。格力以直播带货的方式，将薄利多销发挥得淋漓尽致。对于品牌来说，这既增加客源，又保证利润。

很多人认为，直播带货是目前的风口。但其实直播带货不是一种趋势，而是一种形式。现在有各种销售形式：电商带货、社交带货、微信小程序卖货、线下直销等，直播带货只是线上销售的一个新方法。这个方法要不要用？怎么用，适不适合用？需要自己多加理解这个方法的逻辑，然后做出最适合的决定。其他销售形式并没有不好，也不用强迫跟风。如果担心自己初期没有把握，可以先录播，录播成视频模式也没有不好，但如果真准备开启直播带货，那么必须善用它的三大属性。

(1) 不可重来。直播不可重来，在大家的印象里，直播很容易“翻车”。也因为常“翻车”，直播很容易成为话题，第二天就能上热搜，像有人在直播间里将“极米投影仪”说成了“坚果投影仪”等。当然，聪明的人就会善用这个“不可重来属性”来制造话题，更聪明的人就利用这个属性来做更多的事。

正是因为直播不可重来，所以其就意味着“眼见为凭”，所见即所得。直播没有经过剪辑和修饰，这不是一个精心安排的广告片段，观众看到的就是真实模样。聪明的主播会将“不可重来”这一属性应用在有说服力的实验身上。譬如美妆主播推荐卸妆品时会先在手上涂满各种口红、眼线、眼影等，再直接把某品牌的卸妆品拿出来，擦掉刚才在手上涂满的美妆品，卸妆效果显而易见。而观众也会因为看到这个无法重来的“实验”，对这个产品的卸妆效果产生认同感。许多好的主播都不是只将商品放上来说一遍结束，他们一定会当面拆包装，当场试吃、试穿，让受众经历这个不可重来的过程，从而对所介绍的产品有更直观的认知。也有的主播善用这个不可重来属性当场抽奖，拿出镜子，让镜子反射出抽奖用的手机的屏幕。当一开始宣布抽奖，助手就会当着大家的面，把奖项抽出，当场截屏。整个过程，不可重来，眼见为凭。所以准备开启直播带货时，你要想清楚：什么是“不可重来”属性？你要如何利用这一属性让消费者对你的品牌、商品印象更加深刻？你的商品特性是什么？你打算在直播的这段短短的时间里，运用什么方式让消费者对你的商品特性留下深刻印象？

(2) 同一时空。有人曾说：“明明主播是对着千万人直播，却感觉他是在跟你一个人说话。”为什么会这样？因为主播充分明白他和观众是在同一时空里，在直播时会立刻回复观众的问题，与观众即时互动，他能透过这个即时互动，明白观众到底想说什么，了解观众的真实诉求。

一级主播都非常懂得利用同一时空属性和粉丝即时互动，如经常在直播间里提问，同时督促受众回答他的提问。很多主播在直播时会说："有毛孔粗大问题的妹妹们请发1。"然后大家就会在下面回复"1111……"。"大家觉得上次我推荐的面膜好用吗"，大家就会回复"好用好用好用……"。既然明白跟受众处在同一时空里，主播就应该善用这个属性与受众即时互动，不要无视对方的存在。这个过程非常重要，直播带货的主播要让受众感受到自己的存在感；自说自话只顾自嗨是直播带货主播的大忌。

(3) 时效性。零售行业从业者应该都明白，新品如果超过了销售时间，就会变成旧品；旧品如果还销售不掉，就会变成库存品；库存品再卖不掉，就要变成坏账了。所以商品成交的关键，不应该只看待成本，"时间"的重要性无可取代！

直播带货的第三个特性就是：时效性。在这个有效的时间段里，设法催促成交。所以我们最常听到一级主播在介绍完商品后，会说："3、2、1，上链接！"有种催促大家等待的心情，也让受众有种需要成交的急迫感。好的主播也善于在这个短暂的时间里，卖弄玄虚，经常都是第一次上链接时，只放了部分商品的量，大家抢不到时，他们还会再做第二次的上架动作，经常会说："我们把货再加一下！"让第一次没有抢到货的人，还有第二次的抢购机会。为什么要这样做？其实就是利用直播的时效性，不断做催促购买的动作。直播是和消费者在有限的时间段里做交互。聪明的主播能够好好利用这段时间，让受众感受到成交的紧迫性。如果没有办法掌握时效性，让受众感受到必须当场成交，那么推荐采用录播的形态，把录播的内容植入到电商平台中，这并没有冲突，同时也能让播出的品质受到更好的控管。如果确定要使用直播的形态来带货，那就要善用直播三大属性，脚踏实地地把直播的效果做强，而不是为了跟风而做。

（资料来源：https://www.zhihu.com/question/351934030/answer/1328100138，有改动。）

2. 长渠道与短渠道

为分析和决策的方便，有些学者将零级渠道与一级渠道定义为短渠道，将二级渠道、三级渠道和三级以上渠道定义为长渠道。很显然，短渠道比较适合于在小区域市场范围销售产品或服务。长渠道比较适合于在较大区域市场范围和更多的细分市场销售产品或服务。

3. 直接渠道与间接渠道

直接渠道是指没有中间商参与，商品由制造商直接销售给消费者或用户的渠道，如上门推销、电视直销、网络直销等。直接渠道是工业品销售的主要方式，特别是一些大型、专用、技术复杂、需要提供专门服务的商品。间接渠道是指商品经由一个或多个中间环节销售给消费者或用户的渠道，是消费品销售的主要方式。

（二）分销渠道的宽度结构

分销渠道的宽度是指分销渠道每一层级中使用同种类型中间商数目的多少。若制造商选择较多的同类中间商经销其商品，则这种商品的分销渠道被称为宽渠道；反之，则被称为窄渠道。

分销渠道的宽度结构主要有以下三种类型。

1. 独家型分销渠道

独家型分销渠道是指制造商在某一地区市场仅选择一家批发商或零售商经销商品而形成的渠道。采用独家型分销渠道的制造商要与被选中的独家分销商签订独家经销合同，约定独家经销商只能经销该制造商提供的产品，不得经销其他制造商生产的与该制造商相同的或类似的商品。制造商在商品供应、运输、仓储、服务等方面支持经销商，同时也控制经销商。反过来，由于只有一家经销商，如果经销商表现不佳，那么对制造商的影响是很大的，所以制造商与经销商的通力配合是独家型分销渠道发挥作用的关键。

2. 密集型分销渠道

密集型分销渠道是指制造商通过尽可能多的批发商、零售商经销其商品所形成的渠道。密集型分销渠道通常能扩大市场覆盖面，或使某产品快速进入新市场，使众多消费者或用户随时随地都能买到这些产品。消费品中的便利品（方便食品、饮料、牙膏、牙刷等）和工业品中的作业品（办公用品等），通常使用密集型分销渠道。

3. 选择型分销渠道

选择型分销渠道是指制造商按一定条件选择两个或两个以上同类的中间商

经销其商品而形成的渠道。与密集型分销渠道相比，选择型分销渠道通常由实力较强的中间商组成，可以集中使用制造商的资源，节省一定的费用。同时，选择型分销渠道也有利于制造商管理和控制分销渠道，能较有效地维护制造商的品牌信誉，建立稳定的市场和竞争优势。这类渠道多适用于消费品中的选购品和特殊品、工业品中的零配件等。

（三）分销渠道的系统结构

按照渠道成员相互联系的紧密程度，分销渠道系统可以分为传统渠道系统、垂直渠道系统、水平渠道系统和复合渠道系统。

1. 传统渠道系统

传统渠道系统是指由独立的制造商、批发商、零售商和消费者组成的分销渠道。渠道成员之间各自都为追求自身利益最大化而激烈竞争，甚至不惜牺牲整个渠道系统的利益，最终使整个分销渠道效率低下。因此，传统渠道系统又被称为松散型渠道系统。

2. 垂直渠道系统

垂直渠道系统是指由制造商、批发商和零售商纵向整合组成的统一联合体。在垂直渠道系统中，每名成员把自己视为渠道系统中的一分子，关注整个系统的成功。垂直渠道系统主要有公司式垂直渠道系统、管理式垂直渠道系统和契约式垂直渠道系统三种形式。

3. 水平渠道系统

水平渠道系统是指由两家或两家以上的企业相互联合在一起，共同开发新的营销机会的分销渠道系统。这些企业发挥各自优势，实现渠道系统有效、快速地运行，这实际上是一种横向联合经营。这些企业或因资金、生产技术、营销资源不足，无力单独开发市场，或因惧怕承担风险，或因与其他企业联合可实现最佳协同效益，因而组成共生联合的渠道系统。这种联合可以是短期的，也可以组成一家新公司，使之长期化。

4. 复合渠道系统

复合渠道系统又称多渠道系统，是指企业同时利用多个渠道销售其产品的系统，即企业多种流通模式并存，既有直营也有间接分销。

直播带货意味着格力的渠道变革

由于新冠肺炎疫情，电商直播成为最热门的话题，复盘股票，就会发现有不少的“直播概念股”股价迅速飙升。格力在业绩承压和季报不及预期的情况下，也加入了新零售模式——直播。

1.格力目前的渠道模式及形成原因

格力主体采用分销的销售模式，即分销商拿货在门店售出，其分销商就是门店。格力属于“分销”模式，由销售公司负总责。格力给销售公司制定销售目标，销售公司统一管理线下的代理商和销售商，由销售商统一管理代理商的仓储、物流兑现和向下的返利分配等，类似于销售公司是线下经纪商和代理商的领导，有点像“金字塔”层级，这种模型其实是非常有利于销售公司的。

那么格力为什么会形成“独具”分销的模式呢？我们不得不提其中一个重要的角色——国美。在互联网还未兴起的时候，商品只能通过线下渠道进行销售，线下销售的渠道不外乎是国美、苏宁这样的大型家电商超销售，或者自建专卖店，格力也加入了这种模式，但是在2004年，成都国美在未取得格力四川销售公司同意的情况下，擅自将两款格力空调价格下调。格力得知消息后要求国美停止降价并道歉，随后国美停止销售一切格力空调，格力无奈自建专卖店。格力线下控制力强，与销售商通过股权方式进行深度利益绑定。

格力采用直播店、阿里店和京东店组成三种电商模式，主要思路是自己掌握主动权而不过多依赖平台，这种思路也与此前线下自建专卖店而不过多依赖国美的苏宁如出一辙。而互联网电商的快速兴起，几乎主导了格力的线上销售方式。

2.格力的直播店能带领格力变革渠道吗

在互联网电商下，没有线上销售的渠道是不行的，谁放弃了线上就等于放弃了未来。格力公司阶段性的变革突破口放在了线上与线下联动的直播店这种模式上。格力直播店的优势是能够延伸线下门店的获客和销售半径，在一定程度上缓解了线上和线下的冲突。并且直播店给了格力自营模式新的效能，接入电商运营管理体系和自有供应链也提供了完备的信息接口和用户画像。

3.格力的渠道改革又该走向何方

无论电商形势如何变化，其核心还是解决线上和线下渠道的效率问题和线上线下渠道冲突的问题。格力线下渠道层级较多，从销售公司，到各级代理商、经销商，最终再卖给消费者，流程烦琐层层加价，加价层级相对较多，降低了交易效率；线上销售渠道由省销售公司直接对接，效率极高，虽然线上价格比线下低10%，但是由于销量高，所以线上销售营业利润较高，而线下门店的销量更少。

而美的在线下采用扁平化销售模式，效率更高。其通过云端平台直接从公司订货，从而减少了代理层级，效率远高于格力的线下渠道。如果格力的电商渠道要进一步扩大比例，渠道层级的加价率如何削减将是格力最核心的问题。目前直播变成了越来越受欢迎的销售模式，而格力更是在直播上将多款产品卖至低于线下经销商的价格，再通过补贴返利等来弥补线下销售与线上直播价格的差距。但实际线下经销商和网上销售的进货成本是一致的，其价格的较大差异来源于线下层级多，加价环节繁多，而线上层级较少，导致其线上线下加价率不一。若未来直播卖货变成常态化，全国价格线上线下统一将会是必然趋势，而对于格力则要解决的是线下层级多加价的问题。

同时格力应该重视网络营销渠道建设，完善多样化的营销体系，提高电子商务的战略定位。一是倡导完善格力官方电子商城以及设计和管理，同时对线下专卖店进行升级，适应未来数字化竞争，打造体验馆，提升客户体验满意度；二是差异化的定价销售策略，售价高的空调可以分期付款，分散消费者的短期付款压力，积极营销和促销；三是平衡线上渠道与线下专卖店的功能，两者分工销售，各有各的销售定位，或者两者协同合作，联手打造格力品牌；四是保留已有客户群，开展个人定制服务，提高客户忠诚度，同时充分利用社交媒体，如微信微博等。

（资料来源：https://xueqiu.com/3913056946/151828784，有改动。）

任务二　了解中间商

产品从制造商向消费者的转移，需要渠道中的不同成员承担相应的功能、协调一致才能顺利完成。分销渠道中的成员有很多，如制造商、批发商、零售商、中介机构等，这些成员在分销渠道中扮演着不同的角色。因此，企业需要学会分析构成分销渠道的各成员的功能、业态及特点，为正确选择分销渠道成员打下良好的基础。

一、批发商

（一）批发商的概念

批发商是指向生产商购进产品，然后转售给零售商或产业用户，但不直接服务于个人消费者的商业机构，其位于商品流通的中间环节。

批发商区别于零售商的最主要标志是它一端联结生产商，另一端联结零售商。与零售商相比，批发商的特点是：拥有大量的货物；批量出售货物，不提供零售业务；出售的物品的价格比市场零售价格低；购销双方关系相对稳定。

（二）批发商的功能

1. 组织货源

随着生产与消费的高度分离，很多满足消费者需要的商品生产地距离其消费地已经越来越远，以至于消费地的渠道成员难以直接从生产地获得某些重要商品，而需要批发商从生产地采购商品。批发商根据市场需求选购产品，并将各种不同的商品进行搭配来组织货源，为零售商或其他的批发商节约商品采购与搭配的时间。

2. 仓储与运输

商品的生产与零售一般在时间与空间上是分离的，这就需要批发商进行商品的储备。批发商一般拥有自己的仓储设施，可以将商品储存较长的时间，满足其下级客户在不同时间与空间方面的需求。同时，批发商一般拥有自己的运输工具，承担着商品从制造商到批发商或批发商到零售商的运输，这样可以降低供应商和零售商在运输工具上的投入。

3. 整买整卖

批发商一般通过整批购进货物，并通过自己的销售人员的业务拓展活动，根据下级分销商的需要整批批发出去，从而促进了销售，并降低了零售的进货成本。一般来说，整买整卖功能是批发商最基本的功能。批发商通过提高商品的销售量来赚取利润，而不是通过较高的商品进销差价来赚取利润。

4. 融通资金

批发商在进行批发活动时，既可以向制造商提供融通资金便利，也可以向零售商提供融通资金便利，主要表现在以预购商品的形式向制造商购进商品、以赊销的方式向零售商销售商品上。这样既可为制造商提供再生产所需要的资金，也可使零售商不至于因资金短缺而不能正常进货，有利于加快商品流通速度。

5. 传递信息

批发商在批发活动中，通过将收集起来的信息进行整理与分析，然后传递给生产者与零售商。对于生产者，批发商可以提供市场需求变化等方面的信息，作为他们制订产品开发、生产计划方面的依据；对于零售商，批发商可以提供新产品供应等方面的信息，作为他们采购、销售决策的依据。

6. 承担风险

商品在从生产领域进入消费领域的整个流通过程中，存在着各种流通风险，如商品损坏、变质、丢失等静态流通风险，市场经营环境变化引起的动态流通风险，等等。这些风险大多发生在库存期间或运输期间。批发商在组织商品流通过程中，主要承担商品库存任务，因此批发商要承担流通中的风险。

（三）批发商的主要业态

批发商主要有以下三种业态。

1. 商人批发商(经销商)

商人批发商(经销商)是最主要的一种批发商业态,是指自己进货,取得商品所有权后再批发出售的商业企业,也称独立批发商。商人批发商按职能和提供的服务是否完全,可以分为完全服务批发商和有限服务批发商两种类型。

(1) 完全服务批发商。完全服务批发商执行批发商的职能,包括保持存货、雇用固定的销售人员、提供信贷、送货、协助管理等。按销售对象的不同,完全服务批发商又分为批发商人和产业分销商两种。批发商人主要向零售商销售产品;产业分销商主要向生产商销售产品。

(2) 有限服务批发商。有限服务批发商为了减少成本费用,降低批发价格,只执行批发商的部分职能。有限服务批发商又分为以下六种类型:

① 现购自运批发商。现购自运批发商不提供信贷和送货服务。零售商要自备运输车辆去批发商的仓库选购物品,当场付清货款,自己把物品运回来。现购自运批发商主要经营食品杂货,其顾客主要是小食品杂货商、餐馆等。

② 承销批发商。承销批发商主要经营大宗商品,接到买方的订货单和付款后,向生产商进货,负责通知生产商将物品直接运给买方,并收取少量佣金。承销批发商不需要仓库,没有产品库存,只需一间办公室即可,所以又称“写字台批发商”。

③ 卡车批发商。卡车批发商又称卡车中间商,主要执行销售和送货的职能。他们从生产商那里把物品装上卡车后,立即运送给各零售商。卡车批发商没有仓库和产品库存,主要经营不易保存的产品,因此他们一接到买方的订货单就要立即送货上门,每天送货几十次,其顾客主要是餐馆、旅馆等。

④ 托售批发商。托售批发商主要执行送货、上架、保持存货等职能。他们在超市、食品杂货店或其他零售商店设置自己的货架,展销其经营的商品,在商品卖出后,才向零售商付款。这种批发商的经营费用较高,主要经营家用器皿、化妆品、玩具等商品。

⑤ 邮购批发商。邮购批发商是指借助邮购方式开展批发业务的批发商,主要经营食品杂货和小五金等商品,其主要顾客是偏离中心城市的较小地区的商店。

⑥ 生产者合作社。生产者合作社是指为农业生产者共同所有,负责将农产

品组织到当地市场销售的批发商。合作社的利润在年终时分配给农场主。

2. 经纪人和代理商

经纪人和代理商是指从事购买或销售或二者兼备的工作，但不拥有商品所有权的商业单位。与商人批发商相比，经纪人和代理商的特点是：对所经营的产品没有所有权，所提供的服务比有限服务批发商还少，其主要职能为促成产品的交易，借此赚取佣金作为报酬。经纪人和代理商主要有商品经纪人、制造代理商、销售代理商、采购代理商、佣金商、进出口代理商和拍卖行。

3. 制造商和零售商的销售商分店和销售（采购）办事处

批发商的第三种业态是由制造商或零售商自行经营批发业务，而不通过独立的批发商进行。这种批发业态可分为以下两种类型：

(1) 制造商的销售分店和销售办事处。制造商设立自己的销售分店和销售办事处，目的在于改进存货控制、销售和促销业务。销售分店备有存货，销售办事处不备存货。

(2) 零售商的采购办事处。许多零售商在大城市设立采购办事处，负责采购物品。这些办事处的作用与经纪人或代理商类似，但却是零售商的一个组成部分。

二、零售商

（一）零售和零售商的概念

零售是将商品销售给最终消费者，以供个人或家庭消费的商业行为。零售商是指以零售活动为其主要经营业务的商业机构或个人从业者。零售商面对个人消费者市场，直接且仅为最终消费者服务，它的职能包括采购、销售、调货、存货、加工、拆零、分包、传递信息、提供销售服务等。在地点、时间与服务方面，零售商既方便了消费者购买，又成为联系生产企业、批发商与消费者的桥梁，在分销渠道中具有重要作用。

（二）零售商的功能

1. 提供商品组合

一般而言，生产制造商所提供的是某一特定类型的商品，而零售商则根据消费者的需要提供相应的商品组合，使消费者在同一交易场所购买商品时有充分的选择余地。这大大地节省了消费者为购买到合适的商品所需要花费的时间和精力，增加了商品的顾客转移价值。

2. 分装货物

为了减少运输成本，生产制造商或批发商一般都会把整箱或整盒的商品发送给零售商，而消费者大都是一件一件地购买商品。为了满足消费者在购买数量上的需求，零售商需要将大件包装商品分拆成独立的小包装卖给消费者，这为消费者提供了形式上的满足感。

3. 仓储

仓储也是零售商的最主要功能之一。零售商通过保存商品来及时满足消费者在不同时间和空间上的需求，因此消费者无须在家中囤积大量的商品。零售商的仓储功能减少了消费者的仓储成本，减少了消费者现金的占用成本，降低了消费者由于商品储存而带来的霉变、过时等风险。

4. 提供服务

零售商为消费者提供各种服务。这些服务包括售前、售中和售后服务，为消费者购买和使用商品创造了便利条件。零售商提供的服务涉及商品包装、送货上门、赊销、商品展示、商品信息、咨询服务，以及退货、换货和修理服务等。

（三）零售商的主要业态

零售商种类繁多、经营方式变化快，构成了多样的、动态的零售分销系统。按照不同的划分标准，零售商可以划分为以下主要业态。

1. 按产品线划分

按产品线划分，零售商包括百货商店、专业商店、超级市场、便利商店、大卖场五种业态。

(1) 百货商店。百货商店是指经营各类商品品种的大型零售商店，以经营日用工业品为主。其特点是商品种类齐全、客流量大、资金雄厚、人才齐全，重视商誉、购物环境及商品陈列。

(2) 专业商店。在我国，专业商店有三种形式：一是专门经营某一个产品品类的专卖店，如音像专卖店、彩电专卖店、空调专卖店等；二是专门经营某一类商品中的某一品牌的商店，如家电品牌专卖店；三是专门经营某一大类商品的专业店，如近几年兴起并发展壮大的家电连锁店。其特点是商品系列齐全、产品门类广泛、档次高低不同，能够满足各类消费者的不同需求。

(3) 超级市场。超级市场是以主、副食及家庭日用商品为主要经营范围，实行敞开式售货的零售商店，所经销的商品多采用小包装，由顾客自选，在出口处统一结账。其特点是毛利低、周转快、方便顾客自我服务。

(4) 便利商店。便利商店是接近居民生活区的小型零售商店。这种商店店面较小、营业时间长，以经营方便品、应急品等周转快的商品为主，并提供某些服务，如充值服务等。虽然便利店的商品品种有限、价格较高，但因其突出的方便性，仍受消费者欢迎。

(5) 大卖场。大卖场是一种规模大、销量高的专业店，融合了超市、折扣商店和仓储商店的零售原则。大卖场最早出现于法国，如家乐福，后来普及到中国和欧洲其他国家。

2. 按价格水平划分

按价格水平划分，零售商包括折扣商店和仓储商店两种业态。

(1) 折扣商店。折扣商店是指以较低价格销售名牌商品的商店，一般设在租金便宜但人流量大的地段。其特点是商品品种齐全、薄利多销、实行自助式售货。

(2) 仓储商店。仓储商店又称量贩商店，是20世纪90年代后期才在我国出现的一种折扣商店。其特点是仓店合一、大批量、低成本、低价格、会员制。仓储商店一般位于租金便宜的地段，营业面积一般在2万平方米左右，店内装修简单，以经营日用消费品为主。顾客交纳一定会费即可成为会员，享受价格、送货、保险等方面的优惠。

3. 按位置划分

按位置划分，零售商包括中心商业街、购物中心和无店铺零售三种业态。

(1) 中心商业街。中心商业街是指由经营同类商品或异类商品的多家独立零售商店集合在一个地区。形成的零售商店集中区，也有集购物、休闲、娱乐于一体的综合功能商业街。其特点是商业繁华、人流量大，是公众交通中心。

（2）购物中心。购物中心容纳了众多类型的商店，包括百货商店、大型超市、餐饮店等，并将其有计划地集合起来专门做某一地区的生意。其为便于顾客购物，还设有庞大的停车场。购物中心占地面积大（一般为十几万平方米），主要特点是集购物、餐饮、美容、娱乐、健身、休闲等功能于一体，是一种超巨型的商业零售模式。

（3）无店铺零售。无店铺零售是与店铺零售相对的概念，是指经销商不通过店铺而直接向消费者销售商品和提供服务的营销方式。无店铺零售主要包括自动售货机、上门推销、电视电话销售、网上销售等。

小贴士

社区团购

我国零售业正处于新零售阶段，社区团购为这一阶段诞生了新兴业态。社区团购发展迅猛，从2014年初具雏形到2017年爆发，再到2019年行业洗牌，之后在新冠肺炎疫情的催化下迎来二次高潮，互联网巨头纷纷入局分食蛋糕，市场迅速饱和。在发展的过程中其弊端也逐渐显现出来，目前市场消费者逐渐理性，社区团购热度有逐渐冷却的苗头。

社区团购行业主要上市公司包括利群股份、大东方、步步高、中百集团、供销大集等。

1. 社区团购是零售新业态

中国的零售行业主要经历了四个阶段，分别是实体零售规模扩张的打灵兽阶段、电子商务爆发的网上零售阶段、线上零售红利消散的电商薄利阶段以及目前“线上＋线下”的新零售阶段。在这些阶段的演变过程中，社区团购作为新零售阶段的一种新业态营运而生，其核心模式为“线上下单＋线下取货”，主要分布在各个社区，是一种基于传统演化而来的新兴零售模式。其发展之快，对超市以及农贸市场造成了较大的威胁。

2. 社区团购发展历史

社区团购之所以能够发展如此之快，主要是因为大环境下社交软件（以微信、QQ为主）的成型，为居民之间信息流通提供了便利的环境。

在2014年，长沙、武汉等地出现了由团长通过微信和QQ群收集订单后集中向供应商下单，获得更低的采购成本，这便是社区团购的雏形；随后“你我您”（在 2019 年 8 月与十荟团合并）在长沙成立，标志着社区团购的诞生，此时运营模式还是基于 QQ 与微信群。

2017—2018 年，社区团购在资本的加持下爆发式增长，此时业内玩家将运营模式从微信群向小程序转化，商业模式更加成熟，运营也更加规范。

2019—2020 年，社区团购由于发展过于迅速，众多弊端暴露出来，大部分企业因为供应链断裂、客流下滑而面临破产或被兼并，许多体量较小、模式较不成熟的平台被时代淘汰。

2020 年年初，新冠肺炎疫情的出现使这一业态被动复燃，社区团购迎来爆发式增长，互联网巨头纷纷入场，甚至将社区团购作为单独的业务进行重点开发，其中较有代表性的有阿里巴巴、拼多多、美团等。

3. 互联网巨头布局社区团购情况

互联网巨头选择加入社区团购的竞争主要是因为社区团购的核心实质上是通过加快交易信息流通从而加快效率，提供便利，互联网企业自有技术在这方面有优势，加上企业本身的流量基数足以支撑平台的活跃度，在布局方面大同小异，主要以比较优惠的价格出售居民日常生活必需品，如蔬菜、肉类与粮油等，入局方式也分为投资或自建，大部分企业选择自建。

4. 互联网企业布局社区团购的优劣势

互联网巨头的纷纷布局助推社区团购进入到第二轮高潮，成为这一时期的主要玩家。在互联网企业的加持下社区团购平台之所以能发展如此迅速，主要是因为社区团购平台能够通过消费者共性覆盖大部分消费者的需求、开设门槛较低、熟人效应流量变现快等优势，但在其发展过程中也有不少劣势暴露出来。例如，许多平台为了争抢客流在市场上进行恶性的价格竞争；众多平台本身种类过多，辨识度不高。同时随着消费者可比对的选择较多，市场趋于理性，平台的发展受限。

5. 社区团购发展建议

许多社区团购平台钟情于通过价格战抢占市场，但是大多平台并没有足够清晰的商品逻辑做支撑，这在逐渐理性的市场环境下将难以长远发展。针对这些痛点，社区团购平台应当从提升自己出发，做好平台的品控，优化核心供应链环节，使整体在运行的过程中更有效率，从而提高竞争力。

（资料来源：https://www.qianzhan.com/analyst/detail/220/210615-1eaba529.html，有改动。）

任务三 制定分销渠道策略

案例
娃哈哈如何控制分销渠道

一、设计分销渠道

（一）分销渠道设计的影响因素

1. 顾客特性

渠道设计受顾客人数、地理分布、购买频率、平均购买数量及对不同促销方式的敏感性等因素的影响。当顾客人数多时，生产者倾向于利用每一层次都有许多中间商的长渠道。但购买者人数的重要性又受到地理分布的修正。

2. 产品特性

产品特性对渠道的设计，特别是对渠道长度的设计有影响。一般来说，标准化的产品可以采用较长的渠道；非标准化的产品（顾客定制的机器、专业化商业表格等）通常由企业营销人员直接销售，这主要是由于不易找到具有该类知识的中间商。还有一些特殊品需要利用较短的渠道。

3. 中间商特性

设计分销渠道时，企业需要考虑执行不同任务的中间商的优缺点，在成本、可获得性及提供的服务三个方面对中间商进行评估。另外，中间商的市场覆盖面是否与生产企业的目标市场一致等也是企业考虑的重要因素。如果中间商达不到企业预期的标准，那么企业就有可能偏向于减少中间商的数目，甚至不愿采用中间商，而是利用直接渠道来进行销售。

4. 竞争特性

生产者的渠道选择与设计会受到竞争者所使用的分销渠道的影响。企业可以利用竞争者已经成功使用的分销渠道，利用同一种渠道与竞争者的产品抗衡，如许多食品生产企业就经常采取这种渠道策略。企业也可以尽量避开竞争者已使用的分销渠道，开辟新的营销渠道。

5. 企业特性

分销渠道的选择还受企业自身条件的影响。资金雄厚的企业可根据企业的经营目标自由选择营销渠道。如果企业的营销管理水平较高，业务人员素质好、经验丰富，并且提供售前和售后服务的能力较强，就可考虑直接渠道；反之，则要选择间接渠道。如果生产企业能够提供的服务水平高，让中间商乐于接受，就可以选择间接渠道；反之，则要选择直接渠道。

6. 环境特性

分销渠道的活动属于组织的运作，不可避免地受到经济、社会文化、法律、竞争、技术等环境因素的冲击。因此渠道设计要适应大环境，同时企业在选择分销渠道时还必须符合国家有关政策的规定。

（二）分销渠道设计的流程

一般来说，企业要设计一个有效的分销渠道系统，必须经过确定渠道目标与限制、明确各主要渠道交替方案、评估各种可能的渠道交替方案等步骤。

1. 确定渠道目标与限制

分销渠道设计问题的中心环节是确定到达目标市场的最佳途径。每个生产者都必须在顾客、产品、中间商、竞争者、企业政策、环境等所形成的限制条件下确定其渠道目标。所谓渠道目标，是指企业预期达到的顾客服务水平、中间商应执行的职能等。

2. 明确各主要渠道交替方案

生产者在确定渠道目标与限制之后，渠道设计的下一步工作就是明确各主要渠道交替方案。渠道交替方案主要涉及以下三个基本问题：

(1) 中间商类型。企业首先必须明确可以完成其渠道工作的各种中间商的类型。例如，某调频汽车收音机制造商可通过四条分销渠道销售其产品：与汽车制造商签订独家合同，要求汽车制造商只安装该企业生产的收音机；寻找一些愿意经销其产品的汽车经销商；借助通常使用的渠道，要求批发商将产品转卖给零售店；在大城市设立汽车收音机装配站，直接销售给汽车使用者，并与当地调频播音站协商，请其帮助宣传产品并付给其相应佣金。从这个例子可以看出,生产者在选择中间商时,常常会面临若干个可行的交替方案。

(2) 中间商数目。在每一渠道类型中的不同层次,所用中间商数目的多少受企业追求的市场展露程度影响。市场展露程度可分为三种:密集分销、选择分销和独家分销。

① 密集分销。密集分销是指制造商尽可能通过许多负责任的、适当的批发商、零售商销售其产品。消费品中的便利品和产业用品中的供应品通常采取密集分销,使广大消费者和用户能随时随地买到这些产品。

② 选择分销。选择分销是指制造商在某一地区仅仅通过少数几个精心挑选的、最合适的中间商来销售其产品。选择分销适用于所有产品,但相对而言,消费品中的选购品和特殊品更适合采取选择分销。

③ 独家分销。独家分销是指制造商在某一地区仅选择一家中间商销售其产品,通常双方协商签订独家经销合同,规定经销商不得经营竞争者的产品,以便控制经销商的业务经营,调动其经营积极性,占领市场。

(3) 渠道成员的特定任务。生产商必须对渠道成员规定条件与责任,以便于各渠道成员有效地执行渠道功能。在这种"交易关系"组合中,应规定的主要因素有价格政策、销售条件、区域权利、相互服务与职责等。

3. 评估各种可能的渠道交替方案

每种渠道交替方案都是企业产品送达最后顾客的可能路线。生产者所要解决的问题就是从那些看起来似乎很合理但又相互排斥的交替方案中选择最能满足企业长期目标的一种。因此,企业必须对各种可能的渠道交替方案进行评估。评估标准有三个,即经济性标准、控制性标准和适应性标准。

(1) 经济性标准。企业的最终目的在于获取最佳经济效益。因此,在这方面企业主要考虑的是每条渠道的销售额与成本的关系。

(2) 控制性标准。企业使用代理商无疑会增加控制问题。一个不容忽视的事实是,代理商是一家独立的企业,所关心的是自己如何取得最大利润。它可能不愿与相邻地区同一委托人的代理商合作。代理商的营销人员可能无心了解与委托人产品相关的技术细节,很难认真对待委托人的促销资料。

(3) 适应性标准。适应性标准是指每种渠道方案在渠道运行过程中的应变能力。由于市场需求和由此产生的各个方面不断发生变化,所以企业应尽可能选择具有一定适应能力、掌控能力的渠道结构方案。

二、管理分销渠道

企业管理人员在设计完分销渠道之后，还必须对个别分销渠道成员进行选择、激励与定期评估。

（一）选择分销渠道成员

选择分销渠道成员是指从众多相同类型的分销成员中，选出适合企业的分销渠道结构、能有效帮助企业完成分销目标的分销伙伴的过程。影响生产者选择分销渠道中间商的因素有很多，主要包括从业时间、经营范围、业绩增长情况、财务状况及名声。

一般来说，生产者要评估中间商的经营时间的长短及成长记录、清偿能力、合作态度、声望等。当中间商是销售代理商时，生产者还需评估其经销的其他产品大类的数量与性质、营销人员的素质与数量。当中间商打算授予某家百货公司独家分销权力时，生产者尚需评估该商店的位置、未来发展潜力及经常光顾的顾客类型。

（二）激励分销渠道成员

激励分销渠道成员是指为了保证渠道成员更好地完成生产商的任务，生产商必须采取有效的措施去激励分销渠道成员。对分销渠道成员的激励主要包括积极的方面和消极的方面。积极的方面包括提供奖金、合作性广告展示补贴、较高的毛利润、特殊的待遇、给中间商提供免费的培训、销售竞赛等；消极的方面是指对渠道中间商的行为不满意而做出的反面惩罚，如推迟送货时间、减少利润、拒绝提供培训，甚至终止合作关系。

小贴士

生产者与中间商的关系

生产者在处理与中间商的关系时，依不同情况而采取的方法通常有三种：合作、合伙和分销规划。

(1) 合作。不少生产者认为，激励的目的只是设法取得独立中间商、不忠诚的中间商或懈怠懒惰的中间商的合作。生产者多利用高利润、奖赏、津贴、销售比赛等积极手段激励中间商。如果这些不能奏效，生产者就会采取一些惩罚手段，如威胁减少中间商的利润，减少中间商所提供的服务，甚至终止双方的合作关系等。这些方法存在的根本问题是生产者从未认真研究过中间商的需要、困难及优缺点，他们只依靠草率的刺激——反应式的思考，把很多繁杂的手段拼凑起来而已。

(2) 合伙。一些经验丰富的企业往往试图与中间商建立长期合伙关系。这就要求制造商必须深入了解能从中间商那里得到些什么，以及中间商可从制造商那里获得些什么。这些都可用市场涵盖程度、产品可得性、市场开发、寻找顾客、技术方法与服务、市场信息等各种因素来衡量。制造商希望中间商能同意上述有关政策，并根据其遵守程度的具体情况确定付酬办法。

(3) 分销规划。制造商与中间商还可以进一步建立和发展更密切的关系。所谓分销规划，是指建立一个有计划的、实行专业化管理的垂直市场营销系统，把制造商的需要与中间商的需要结合起来。制造商可以在市场营销部门下专设一个分销关系规划处，负责确认中间商的需要，制订交易计划及其他各种方案，帮助中间商以最佳方式经营。该部门和中间商合作确定交易目标、存货水平、产品陈列计划、销售训练要求、广告与销售促进计划。借助该部门的上述活动可以使中间商认为，之所以能赚钱是因为与销售者站在一起，作为销售者精密规划的垂直市场营销系统的一个组成部分而赚钱。

（三）定期评估渠道成员的绩效

生产者除了选择和激励渠道成员外，还必须定期评估他们的绩效。如果某一分销渠道成员的绩效过分低于既定标准，则需找出主要原因，同时还应考虑可能的补救方法。当放弃或更换中间商会导致更坏的结果时，生产者只好容忍这种局面。当不致出现更坏的结果时，生产者应要求工作成绩欠佳的中间商在一定时期内有所改进，否则就要取消其资格。

三、分销渠道冲突管理

（一）分销渠道冲突的概念

分销渠道冲突是指一个分销渠道成员意识到另一个分销渠道成员正在从事损害、威胁其利益，或以牺牲其利益为代价获取稀缺资源的活动，从而引发分销渠道成员间的争执、敌对和报复的行为。对于分销渠道冲突，企业应该用中立的眼光来看待，因为并不是每种冲突都是消极的，某些冲突实际上还加强和改善了分销渠道。

（二）分销渠道冲突的类型

1. 水平分销渠道冲突

水平分销渠道冲突简称水平渠道冲突，是指在同一渠道模式中，同一层次中间商之间的冲突。产生水平渠道冲突的原因大多是制造商没有对目标市场的中间商的分管辖区做出合理的规定，使得中间商为各自的利益而相互倾轧。例如，在同一个批发商处采购商品的零售商之间为了抢占市场而引发冲突。

2. 垂直分销渠道冲突

垂直分销渠道冲突是指在同一渠道中不同层次渠道成员间的冲突。例如，生产商与批发商之间、批发商与零售商之间，由于各种矛盾（如价格、利润、推销等方面的矛盾）而引发的冲突。

3. 不同分销渠道间的冲突

不同分销渠道间的冲突是指厂家在建立多种分销渠道系统后，不同渠道服务于同一目标市场时所产生的冲突。例如，原来的家电产品是通过百货公司来销售的，而当家电连锁店出现，并成为厂家的经销伙伴时，百货公司就表现出强烈的不满。

（三）分销渠道冲突出现的原因

1. 目标不一致

虽然每位分销渠道成员都希望通过结成渠道共同体来实现其目标，但每位分销渠道成员又都是一个独立的经济实体，均有自己的目标，各成员的目标可能会部分重叠，也可能与其他成员相反。渠道的组织结构、渠道成员的本位主义、渠道成员为实现目标所采取的不同方法等原因都会造成分销渠道成员之间目标不一致的问题，从而导致冲突的产生。

2. 沟通障碍

分销渠道成员之间存在的问题在很大程度上是由双方的沟通障碍造成的。这些沟通障碍主要包括双方沟通不及时、沟通信息传递出现失真、成员对信息的理解出现偏差等。

3. 激励不当

生产商会对分销渠道成员销售产品采取相应的激励措施。若激励措施用得恰当,则可以改善分销渠道的绩效;若使用不当,则会引发分销渠道冲突。过分依赖同经济相关的手段进行激励,容易使分销渠道成员产生追求短期经济利益的行为,导致与整个渠道的长远目标相冲突。

(四) 分销渠道冲突的解决对策

1. 树立统一目标

目标不一致是导致分销渠道成员冲突的一个原因。统一生产商和分销渠道中间商的目标至关重要。分销渠道成员之间所固有的相互依赖性表明,分销渠道成员之间是具有共同利益的合作者,并且共同利益是他们获得各自独立利益的前提和基础。所以,分销渠道成员应该树立互利共赢的观念,即在追求自身利益的同时,也要为他人考虑,切忌以损害他人利益的方式来实现自身的利益。只有这样,分销渠道成员之间才能营造 个和谐的合作氛围,使分销渠道的运作实现最优化。

2. 进行有效沟通

通过劝说来解决冲突其实就是在利用领导力解决冲突。从本质上来说,劝说是为存在冲突的分销渠道成员提供沟通机会,强调通过劝说来影响其行为而非通过信息共享,劝说也能减少有关职能分工引起的冲突。既然大家已通过超级目标结成利益共同体,因此劝说就可以帮助成员解决有关各自的领域、功能和对顾客的不同理解的问题。劝说的重要性在于使各成员履行自已曾经做出的关于超级目标的承诺。

3. 改善激励手段

合理运用生产商对渠道中间商的激励可以在一定程度上解决分销渠道冲突。生产商要采用多手段的激励机制来追求生产商和分销渠道成员的长远目标。

4. 退出

解决冲突的最后一种方法就是放弃该分销渠道或更换分销渠道成员。事实上,当冲突无法调和时,更换分销渠道成员是解决冲突最普遍采用的方法。

核心职业能力训练

一、实训目标

能够为背景企业产品制定不同分销渠道策略，并分析利弊。

二、实训设计

1. 教师提出传统分销渠道与现代分销渠道的异同。

2. 班级分成两个辩论组，正方为“传统分销渠道更有竞争优势”，反方为“现代分销渠道更有竞争优势”，学生分组进行辩论。

三、实训方法

项目驱动法、示范法、讨论法、辩论法。

四、实训准备

1. 学习场地与设施：多媒体教室。

2. 教师准备：案例、工作纸、考核标准、课后练习与实践任务等材料。

3. 学生准备：复习相关知识，提前上网查好相关资料。

五、实训过程

第一步，分组并选出辩手。

第二步，由双方一辩提出论点，二辩出示数据证明己方观点的同时向对方提出问题，三辩回答对方提出的问题并补充论证己方论点，四辩总结陈词。

六、实训评估

（一）学生自评

1. 本组有没有进行背景企业产品分销渠道的分析。

2. 是否考虑到分销渠道的影响因素。

3. 是否有真实有效的数据和事实证明本组观点。

4. 各项目组总结本组组员的表现和得失以及经验教训。

（二）综合评估

1. 教师对各小组的表现进行评价打分。
2. 小组互评。
3. 各小组组长对组内成员的表现进行打分。
4. 教师点评和总结相应的知识点。

思考与练习

一 选择题

扫码即可进行在线测试。

二 简答题

1. 在设计分销渠道的长度时需要考虑哪些因素？
2. 什么叫渠道的宽度？渠道的宽度结构包括几种类型？
3. 中间商包括哪些成员？
4. 简述分销渠道设计的流程。

三 案例分析

扫码阅读案例，完成下面的讨论题。

讨论题

1. 亮齿中药牙膏前后选择了不同的分销渠道成员。结合案例说明亮齿中药牙膏是根据哪些原则进行分销渠道成员选择的。

2. 若亮齿中药牙膏采用分阶段选择策略获取分销渠道成员，则应如何实施策略？

3. 结合案例分析，在亮齿中药牙膏业务发展的过程中渠道战略的重要作用。

项目九　制定促销策略

学习目标

了解影响促销组合选择的因素；

了解促销的基本方式；

掌握人员推销的特点和方法；

了解销售促进的方式；

了解公共关系活动的方式。

能力目标

能够根据企业的需要设计人员推销方案；

能够根据企业的需要选择广告媒体；

能够根据企业的实际情况开展销售促进；

能够根据企业的需要开展公共关系活动。

素质目标

牢固树立以顾客需要为中心的市场营销观念，并能以此为指导去研究和解决市场营销管理过程中的实际问题，忠于职守，积极进取，勇于创新。

引导案例

苹果公司的手机不再附送充电器

2022年4月，苹果公司曾发布了一份环保报告，表示："电源适配器需要大量使用塑料、铜、锡和锌等材料。自iPhone12的包装内不再附送充电器以来，据估算已少开采了55万吨铜、锡和锌矿，帮助避免了超过200万吨的碳排放，这相当于让近50万辆汽车停驶一年。"该公司还补充说："不再随附电源适配器，对我们来说是一个大胆的改变，但对地球而言则是十分必要的举措。"

不过，对于苹果的说法，大部分消费者似乎并不认同，甚至对此纷纷表示不满。有网友表示，苹果声称的不送充电器带来的环保效益，完全是在偷换概念。虽然手机不再附送充电器，但其一直在单独生产和销售。还有人更是直言："省下来的矿石都用来单独生产了！苹果这波赢麻了，既赢得了好名声，又赚得盆满钵满。"不过，也有人表示了对苹果这一措施的一定理解，其称现在人手中确实有大量充电器，不附带没什么影响。这个措施只可能对新用户不太友好。

据了解，苹果是从2020年iPhone 12系列开始不再随手机附送充电器，但是有附带一根数据线。可以看到，这根数据线连接手机的一端是苹果独有的接口。苹果在iPhone 12之前附带的充电器是USB-A接口，这跟数据线并不适用。若用户想充电使用，仍旧需要购买新款USB-C接口充电器。有分析认为，苹果名义上是为了环保，其实是为了更大的利益。据统计，苹果通过取消充电器等配件至少节省了400亿人民币。

一些环保人士也认为，苹果取消附带充电器对环境产生的影响可能微乎其微。取消附带充电器的真实原因我们无法确定，可以确定的是，这对苹果自身来说确实是一件十分划算的事情，既能降低成本，也能扩大利润，还能收获环保的好名声。有观点认为，若苹果真打算进一步支持人类环保事业，应该将手机充电接口由独有的Lightning替换为市场已经大量普及的USB-C。

欧洲议会和欧盟理事会达成一致，发布公报表示到2024年秋季，USB Type-C接口将在欧盟成为手机、平板电脑和相机等电子设备的标准充电接口。新规则将确保消费者的所有电子设备(除智能手表、健康追踪器等较小产品)都能共用一个充电器,这将真正减少电子垃圾的产生。

此前,苹果公司对此表示:"我们仍然担心,只要求一种连接器的严格监管,将会扼杀创新,且会造成更多的污染,这会损害欧洲和全世界消费者的权益。"据了解,苹果仍坚持使用自家 Lightning 接口,其中一个原因是,苹果可以从希望获得 MFi(Made for iPhone/iPad/iPod)认证的第三方配件厂商处获得巨大利润。若消费者购买没有苹果认证的配件,产品出现问题,苹果将不做保修。

（资料来源：https://xw. qq. com/cmsid/20220426A08EG100，有改动。）

在竞争激烈的市场上,企业不仅要研发适销对路、品质优良、价格适宜的产品,具备高效便利的分销渠道,塑造良好的公众形象,还要通过各种方式给目标顾客传递产品信息及能给顾客带来利益的信息,激发顾客的购买欲望,影响目标顾客的购买兴趣,进而促使顾客发生购买行为。企业的促销过程,实际上也是企业与顾客的沟通过程。为实现有效的沟通,企业必须综合运用人员推销、广告、公共关系、营业推广等促销策略,这一系列做法及其策划即企业的促销活动。

任务一　选择促销策略

一、促销与促销组合的含义

微实训
产品推销方法及效果

（一）促销的含义

促销即促进销售,是指通过人员和非人员的方式,把企业的产品和服务信息传递给顾客,激发顾客的购买欲望,影响和促进顾客购买行为的全部活动。促销活动的实质是企业与顾客之间的信息沟通。

（二）促销组合的含义

促销组合是一种组织促销活动的策略思路,主张企业运用人员推销、广告、销售促进、公共宣传四种基本促销方式组合成一个策略系统,使企业的全部促销活动互相配合、协调一致,最大限度地发挥整体效果,从而顺利实现企业目标。

二、促销的基本方式

企业的促销方式各种各样，但归纳起来主要有五种基本方式，即人员推销、广告、销售促进、公共宣传和直复营销。

（一）人员推销

人员推销是指企业派出销售人员亲自向目标客户进行产品介绍、推广、宣传与销售，与消费者或用户进行面对面的口头洽谈交易的促销方式。

（二）广告

广告是指企业按照一定的预算方式，支付一定的费用，通过一定的媒体把商品信息传递给广大目标客户的一种促销方式。广告媒体有很多，包括广播、电视、报纸、杂志及其他醒目的有形物体等。

（三）销售促进

销售促进是指企业利用各种短期诱因，鼓励购买或销售企业产品或服务的一种促销方式。销售促进的方式包括以消费者或用户为对象的推广方式、以中间商为对象的推广方式以及以销售人员为对象的推广方式。销售促进的最大特点是即期效果明显，在企业销售新产品和服务时，或为了与竞争对手进行直接竞争时，销售促进的作用非常显著。

（四）公共宣传

公共宣传是指企业以非付款的方式通过第三者在报刊、电台、电视、会议、信函等传播媒体上进行有关企业产品的有利报道、展示或表演，以刺激人们需求的一种促销方式。

公共宣传的主要活动方式是与政府机构、中间商、零售商和社会上有影响力的专家、学者，以及有关的社会团体建立联系，制造各种新闻素材，提供各种咨询服务，通过传播媒体的宣传报道，说明企业对国家、社会及消费者所做的贡献，使社会公众对企业产生良好的印象，提高企业产品的知名度和美誉度。公共宣传的最大特点是潜在效用明显，每一次有利的公共宣传不一定带来企业产品销量的陡增，但它能强化企业产品在社会公众心目中的形象，使企业长期受益。

（五）直复营销

直复营销源于英文 direct marketing，即直接回应的营销。它是以营利为目标，通过个性化和大众沟通媒介向目标市场成员发布发盘信息，以寻求对方直接回应（问询或订购）的社会管理过程。

三、影响促销组合选择的因素

促销组合体现了现代市场营销理论的核心思想——整体营销。促销组合是一种系统化的整体策略，四种基本促销方式则构成了这一整体策略的四个子系统，每个子系统都包括一些可变因素，即具体的促销手段或工具，某一因素的改变意味着组合关系的变化，也就意味着一个新的促销策略。

四种促销方式各有特点，分别适用于不同的对象，企业在制定促销组合策略时应综合考虑以下因素。

（一）促销目标

促销目标是影响促销组合决策的首要因素。每种促销工具——人员推销、广告、公共宣传和销售促进（营业推广）都有各自独有的特性和成本，因此营销人员必须根据具体的促销目标选择合适的促销工具组合。例如，若公司的促销目标是在短期内加快信息传递，则所采用的促销组合方案应侧重于广告，并配合营业推广；若公司的促销目标是树立品牌形象，培育顾客忠诚度，则促销组合应侧重于广告和公共宣传，辅以人员推销。

（二）产品类型

对于不同类型的产品，消费者的购买要求和使用特点也不同，因此企业需要采取不同的促销组合。按产品的不同性质，一般把产品划分成消费品和工业品两大类。消费品更多使用广告推广方式，工业品则更多使用人员推销方式。无论是工业品还是消费品，销售促进和公共宣传这两种形式都可以被企业随时采用。不同产品类型使用促销组合方式的比较如图 9-1 所示。

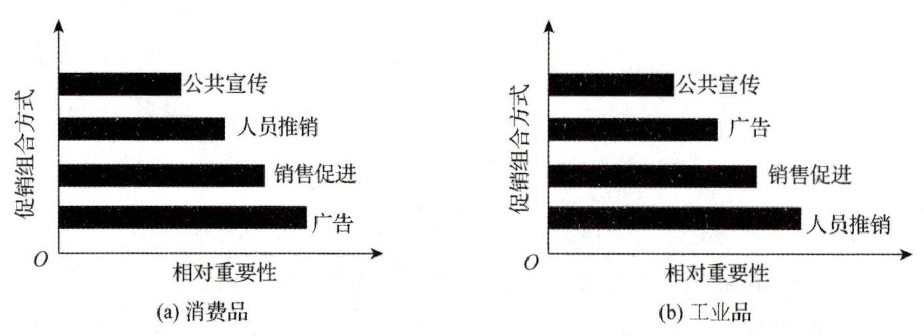

图 9-1　不同产品类型使用促销组合方式的比较

（三）产品生命周期

在产品生命周期的不同阶段，促销工作具有不同的作用。在介绍期，投入较多的资金用于广告和公共宣传，能使产品获得较高的知名度，销售促进有助于消费者提前试用新产品；在成长期，广告和公共宣传可以继续加强，此时不需要吸引消费者试用产品，销售促进费用可以减少；在成熟期，广告作用降低，而销售促进又逐渐起重要作用，因为消费者已知道这一品牌，广告仅需要起提醒作用；在衰退期，广告仍应保持在起提醒作用的水平，公共宣传可以完全停止，人员推销不再需要，然而销售促进仍有一定的效果。

（四）市场特点

除了考虑产品类型外，市场特点也是影响促销组合决策的重要因素。市场特点包括市场规模、集中程度、文化、风俗习惯、经济政治环境等。促销工具在不同类型的市场上所起的作用是不同的，所以企业应该综合考虑市场和促销工具的特点，选择合适的促销工具，使它们相匹配，以达到最佳促销效果。例如，对于规模小而相对集中的市场，应重点使用人员推销的方式；对于规模大而分散的市场，则比较适合采用广告促销的方式；而针对企业、中间商或其他组合机构，人员推销则是最好的促销方式。

（五）促销策略

促销策略较大程度上受企业选择推动或拉引策略的影响。推动策略是指生产商积极利用销售人员和中间商进行促销，将产品推入销售渠道，从批发商到零售商，最终推销给消费者。采用推动策略的生产商并不注重广告攻势，而是侧重于用推销员、中间商来销售产品。在销售工业品或者是同质化、标准化产品时，消费者不注重品牌，可以采用这一策略。而拉引策略则要求生产商运用广告宣传和其他促销手段，诱发消费者的兴趣，形成消费需求。消费者被吸引到零售商处，零售商转向批发商进货，批发商又再向生产商进货，形成层层拉引之势。拉引策略着重运用大众媒体，所以广告攻势在此策略中扮演重要的角色。一般来说，消费品比工业品更适合采取这种策略。

宜家的促销策略

1. 目录展示的营销策略

目录展示是宜家促销策略的重要组成部分，大大地促进了宜家的产品销售。1951年，宜家发行了第一本商品目录。此后，每年9月初，在其新的财政年度开始时，宜家都要向广大消费者免费派送制作精美的目录，如图9-2所示。

这些目录不仅列出产品的照片和价格，而且经过设计师的精心设计，从功能性、美观性等方面综合表现出了宜家产品的特点。顾客可以从中发现家居布置的灵感和实用的解决方案。很多人都把宜家的目录当作装修指导来使用。

2. 富有技巧的卖场展示促进购买

宜家的卖场展示富于技巧。在宜家的展示区中，有一个个分隔开来的展示单元，分别展示了在不同功能区中如何搭配不同家具的独特效果。每个宜家商场均有一批专业装修人员，他们负责经常对展示区进行调整。调整的基本要求是要符合普通百姓家居生活的状况，如背墙的高度为2.9米，这是普通住房的层高，背墙过高或过低都会给顾客造成错觉，做出错误的购买决定。背墙的颜色也必须是中性的，符合日常生活的习惯。宜家不会使用一些特殊颜色来烘托家具的表现效果，让顾客有错误的感觉。宜家每个展示单元都标注实际面积。所有这些都是从顾客的需要出发。顾客可以原封不动地把展示区的摆设方式搬回家，也会得到与商场中一样的效果，如图9-3所示。

图9-2　宜家的商品目录展示

图9-3　宜家的卖场展示

也有人把这种单元展示（功能区展示）的策略称为“生动化营销”，因为这种展示方法生动活泼，充分展现了每种产品的现场效果。另外，卖场的这种布置可以产生“连带购买”的效果——因为是居室布局整体展示而不是单件展示，所以很容易让顾客产生“连带购买”的想法。

3. 配合产品定位的企业形象定位及宣传

宜家宣扬其代表着“简约、自然、时尚”的生活方式。宜家的经营理念是“提供种类繁多、美观实用、老百姓买得起的家居用品”。其他家居商场提供广泛系列的产品，或设计精美、实用，或低价格，而宜家提供的产品包括上述所有这些特点。这就是宜家的经营理念。宜家的家居风格完美再现了大自然——充满了阳光和清新气息，同时又朴实无华。这些都形成了宜家无可替代的品牌魅力，如图 9-4 所示。

图 9-4　宜家的形象定位

4. 宜家注重企业形象宣传

宜家集团的营销策略之一是通过对环保的重视来提升企业形象。

宜家集团有计划地参与环境保护事宜，涉及的方面包括材料和产品、森林、供货商、运输、商场环境等。1990 年，宜家集团制定其第一个环境保护政策；1991 年，开始履行关于热带林木使用的严格规定；1992 年，宜家禁止在产品及其生产过程中使用对高空大气中的臭氧层有害的 CFCs 和 HCFCs；1995 年，宜家采用严格标准，控制偶氮染料的使用；1998 年，宜家按照环境标准评审宜家在欧洲的所有运载设备；2000 年，为了推动林业的可持续发展，宜家在瑞典出资支持了一项林业专业研究……

（资料来源：https://www.wenmi.com/article/pz107a04e4rl.html，有改动。）

任务二　运用人员推销

一、人员推销的概念

人员推销是指企业通过派出销售人员与一个或一个以上可能成为购买者的人交谈，做口头陈述，以推销商品，促进销售。人员推销是销售人员帮助和说服购买者购买某种商品或劳务的过程。

二、人员推销的特点

人员推销是一种最古老的促销方式，也是现代企业中最重要的促销手段之一。与其他促销手段相比，它具有以下特点。

（一）沟通的双向性

在推销过程中，销售人员一方面把企业信息及时、准确地传递给目标顾客；另一方面把市场信息，顾客的要求、意见及建议反馈给企业，为企业调整营销方针和政策提供依据。

（二）销售的针对性

与顾客直接沟通是人员推销的主要特征。人员推销是销售人员和顾客双方直接接触，双方都能捕捉和把握对方的态度、气氛、情感等，有利于销售人员有针对性地做好沟通工作，解除顾客的各种疑虑，激发其购买欲望。

（三）方式的灵活性

与顾客的直接沟通是人员推销的主要特征。由于双方直接接触，相互间在态度、气氛、情感等方面都能捕捉和把握，有利于销售人员根据顾客的动机和特点，调整推销陈述内容和推销方法，以适合顾客的情绪、心理变化，帮助顾客明确需求，为其解除各种疑虑，引导其购买。

（四）销售的有效性

人员推销有一个特点是提供产品实证。销售人员通过展示产品、解答质疑、指导产品使用方法，使目标顾客能当面接触产品，从而确信产品的性能和特点，引发顾客的购买行为。

三、人员推销的方法

人员推销的具体方法有很多，主要有以下几种。

（一）上门推销

上门推销是最常见的人员推销形式。它是由推销人员携带产品样品、说明书、订单等走访顾客，推销产品。这种推销形式可以针对顾客的需要提供有效的服务，方便顾客，故被顾客广泛认可和接受。这种形式是一种积极主动的、名副其实的“正宗”推销形式。

（二）柜台推销

柜台推销又称门市推销，是指企业在适当的地点设置固定门市，由营业员接待进入门市的顾客，推销产品。门市的营业员是广义的推销员。柜台推销与上门推销正好相反，它是等客上门式的推销方式。由于门市里的产品种类齐全，能满足顾客多方面的购买要求，为顾客提供较多的购买方便，加上这是顾客上门寻找需求的商品，一般工作人员的态度会积极主动，故顾客比较乐于接受这种方式。

（三）会议推销

会议推销是指利用各种会议向与会人员宣传和介绍产品，开展推销活动，如在订货会、交易会、展览会、物资交流会等会议上推销产品。当前，人们逐渐意识到单一推销人员的力量有限，如果运用集体力量使不同部门人员协调配合，则会使接触面更广、推销更集中，可以同时向多个推销对象推销产品，这样成交额较大，推销效果较好。

四、人员推销的策略

微课
人员推销中沟通不畅的原因

推销人员在推销过程中，为更好地吸引消费者的注意力，激发消费者的购买欲望，应灵活采用不同的促销策略。人员推销策略主要有以下三种。

（一）试探性策略

试探性策略也称刺激—反应策略，是指在不了解顾客的情况下，推销人员运用刺激性手段引发顾客产生购买欲望的策略。这种策略一般用于双方初次接触的时候。推销人员事先设计好能够引起顾客兴趣的试探性语言，观察对方的反应，然后根据顾客的实际反应采取具体的应对措施，并进一步刺激，再观察其反应，以了解顾客的真实需求，诱导其产生购买动机，实现买卖交易。

（二）针对性策略

针对性策略也称配方—成交策略，是指推销人员在基本了解顾客某些情况的前提下，有针对性地进行产品宣传，介绍其特性和用途，以引起顾客的兴趣和好感，从而达成交易的策略。这种策略多用于洽谈过程中。推销人员在事前要根据掌握的顾客信息，判断顾客的喜好，设计好推销语言，有的放矢地介绍产品，劝其发生购买行为。

（三）诱导性策略

诱导性策略也称诱发—满足策略，是指推销人员运用能够刺激顾客某种需求的说服方法，诱导顾客采取购买行为的一种策略。这种策略是一种创造性推销策略，对推销人员要求较高，要求推销人员能因势利导，诱发、唤起顾客的需求，并能不失时机地宣传介绍产品的效用，说明所推销的产品正好能满足顾客的需求，以诱导顾客购买产品。

任务三 发布促销广告

广告是为了某种特定的需要，通过一定形式的媒体，公开而广泛地向公众传递信息的宣传手段。广告通常是商品生产者、经营者和消费者之间沟通信息的重要手段，也是企业占领市场、推销产品、提供服务的重要形式，其主要目的是扩大经济效益。

案例
趣玩的广告策略

一、广告的功能

广告作为传播信息的一种基本形式和重要手段，具有多方面的功能。

（一）传递信息，促进销售

通过广告，企业可以把有关产品的信息传递给客户，引起客户的注意与兴趣，激发其购买行为。因此，广告的信息传递能迅速沟通供求关系，促进产品的销售。

（二）介绍商品，引导消费

消费者行为虽然具有复杂性和多样性的特点，但也具有共同性和可引导性。通过广告宣传，企业可以向客户介绍商品，并诱导客户需求，影响客户心理，刺激其购买行为，促进尝试性购买，开发新客户，从而增进商品销售，提高市场占有率。

（三）树立企业形象，提高企业知名度

广告宣传了产品形象、企业形象，扩大了企业和品牌的知名度，成为企业开发市场、巩固市场、扩大市场的重要手段，从而其成为企业打造核心竞争力不可或缺的环节。

思政材料
善意，天生强大的传播力

二、确定广告目标

广告目标是指企业进行广告活动所要达到的目的。确定广告目标是广告计划中至关重要的起步性环节，是企业对广告活动进行有效决策、指导和监督，以及对广告活动效果进行评价的依据。按目的的不同，广告目标可分为创牌、保牌和竞争三种。

（一）创牌

企业以创牌为广告目标，目的在于开发新产品和开拓新市场。它通过对产品的性能、特点的宣传介绍来提高客户对产品的认知程度，尤其是提高新产品的知名度、理解度和客户对品牌的记忆度。

（二）保牌

企业以保牌为广告目标，目的在于巩固已有市场占有率，并且在此基础上进一步开发潜在市场和刺激购买需求，加深社会公众对已有商品的认识，促使既有的消费者养成对商品的消费习惯，强化潜在的消费者对商品产生兴趣和购买欲望。

（三）竞争

企业以竞争为广告目标，目的在于加强企业和品牌的宣传竞争，提高市场竞争能力。此类广告的重点是宣传本产品的优异之处，使客户认识到本产品能给他们带来什么好处，以形成对本产品的偏好并产生购买行为。

三、编制广告预算

广告预算是企业广告计划对广告活动费用的估算，是企业投入广告活动的资金费用使用计划。它包括广告计划期内从事广告活动所需的经费总额、使用范围和使用方法，是企业广告活动得以顺利进行的保证。目前，常用的编制广告预算的方法主要有销售百分比法、利润百分比法、销售单位法、目标达成法、竞争对抗法等。

四、设计广告信息

企业在明确了广告目标、确定了广告对象后，下一步主要就是设计广告信息，确定广告主题，即明确广告的中心思想。广告宣传同其他任何宣传一样，必须有其特定的宣传主题，它是广告主与目标受众沟通的凝聚点。一则广告必须鲜明、突出地表现广告的主题，使人们在接触广告之后，能够很容易理解广告告知了他们什么，要求他们做些什么。为了达到预期的广告效果，广告创作人员必须在商品或企业中找出最重要的部分来加以发挥，这就是广告信息的设计，即广告主题的策划。它是广告创意展开的基础，也是广告成败的关键。

微课
广告创意

小贴士

“土味”广告词为何如此深入人心

还记得广告词“今年过节不收礼，收礼只收××金”吗？简单粗暴的广告文案，让观众背了上句马上就能接下句，犹如前不久的“蜜雪冰城甜蜜蜜”一样洗脑，堪称一代人的童年回忆。还有蓝标黄字黑罐字体大到“辣眼睛”的椰树牌椰汁，审美“土”到爆表，却让大家将其深深地刻进了脑海……

越来越多这样的土味广告词开始上线强势刷屏。鲜艳的大字、魔性的旋律和重复的广告语，各种“魔性”“洗脑”，让你想忘记都不容易，陷入土味狂嗨营销的大潮之中不可自拔。例如，为了反诈宣传，绞尽脑汁的宣传人员，把主意打到了“土味反诈来一波”上，虽然土却上头的反诈宣传片，就这么红了！

湖南邵阳由真实案例改编的《反电诈宝典》主题反诈宣传片，是主流宣传采用新营销手法的经典案例。为了获取足够的宣传效果，宣传员们“亲身上阵”，“影帝”附身，让人们在爆笑中把反诈常识牢牢记住。

为什么土味广告词、土味宣传片、土味海报这么受欢迎？原因大概有以下三点。

1. 记忆点鲜明

虽然土，但特色强烈。魔性土味广告中这些鲜艳不协调的色彩运用，本身就足以在“精神污染”的同时给人深刻印象，再加上重复的广告词不断洗脑，频繁刺激受众的视听感官。所以就更加深入人心，使营销效果拉满。

2. 叛逆心理刺激

营销的重头戏，还在于一个“新”。众多大品牌都在追逐重复的“美”，一样的精致、高级，终于让现代年轻人产生了审美疲劳。谁规定大家一定要活成上流社会的样子？反其道而行的“土味”，就像小品一样，让你在狂笑之余，轻松下来，反而刺激了受众的心理，让消费者对这与众不同的“土”燃起兴趣。

3. 猎奇心理

为什么能这么土？为什么会这么雷？这种头皮发麻的强烈吐槽欲，反而促使了土味广告的盛行。其实这可以称作土味文化对主流意识形态的解构，猎奇的人们口口相传，反而无限增强了宣传推广的效果，堪称是“裂变式”的传播。

总而言之，土味的新奇特，是它们能够盛行一时的关键，也是营销对"新奇"的需要。想要蹭一波热点，就要结合好"土味"与品牌的切入点，但切忌过分生硬。不顾品牌定位和价值理念，也无法把握幽默土味的尺度，刻意扮土反而会弄巧成拙。

（资料来源：https://www.aisoutu.com/a/844039，有改动。）

五、选择广告媒体

广告媒体种类繁多，包括报纸、杂志等印刷媒体，电视、广播等视听媒体，户外广告、橱窗广告等其他广告媒体，它们的性能、传播信息的效果千差万别。企业可以在众多的媒体中做出选择，以相对经济的广告支出实现最佳的广告传播效果。影响广告媒体选择的主要因素有以下几个。

（一）产品特性

不同的产品特性对媒体有不同的要求。技术性能高的，可采用报纸、杂志做详细的文字说明，也可以用电视短片做详细的介绍。对于特别需要表现外观和质感的商品，如服装、化妆品，需要借助具有强烈色彩性的宣传媒介，故广播、报纸等媒介就不宜采用，而电视、杂志则能更好地表现其视觉效果。

（二）沟通对象的媒体习惯

有针对性地选择为广告沟通对象所易于接受并随手可得、到处可见的媒体，是增加广告促销交易的有效措施。例如，生产玩具的企业若将学龄前儿童作为目标沟通对象，则不能在杂志上做广告，而最好在电视上做广告。

（三）信息类型

企业如果想宣传即将到来的销售活动，则必须在电视、报纸等时效性强的媒体上做广告。若信息的传播对象仅仅局限于某一地区，则在地方性媒体上做广告即可，不需动用全国性媒体。以文字为主的信息，选择报纸、杂志等印刷媒体较适宜；而以画面及动作为主的信息，则选择电视广告较适宜。

（四）媒体成本

不同媒体所需成本不同。电视广告是最昂贵的媒体，而报纸则较便宜。但是选择媒体时，最重要的不是绝对的成本数字的差异，而是目标对象的人数与成本之间的相对关系。如果用每千人成本来计算，可能会出现电视广告比报纸广告更便宜的情形。

（五）竞争态势

广告商品竞争对手的有无及其选择媒体的情况和所花费的广告支出的多少，对企业的媒体选择有着显著的影响。如果企业尚无竞争对手，那么它就可以从容地选择自己的媒体并安排广告费用。如果企业竞争对手尚少，还不足以对它产生重大影响，则只需在交叉广告媒体的选择上予以重视。如果竞争对手多且强大，在企业财力雄厚的情况下，就可以进行正面交锋，以更大的广告开支在竞争媒体及非竞争媒体上压倒对方；在企业财力有限，无法支付庞大、持久的广告开支的情况下，就可以采取迂回战术，或采用其他媒体，或在同样的媒体上避免正面交锋而将刊播的日期提前或推后。

小案例

春晚广告

1983 年，正式开办的春晚作为中国人的一种新民俗已经走过了数十年。

随着时间更迭，品牌商对于春晚的赞助、冠名、合作也在悄然发生变化。晚会中主持人的口播植入广告因影响观众体验而在 2011 年起被取消，“我最喜爱的春节联欢晚会节目”冠名也在 2012 年退出了历史舞台。如今，只有零点报时的冠名和开播之前的硬广套装（包括特约冠名）仍旧出现在观众的视野里。与此同时，春晚也给新兴的互联网企业搭建了“露脸”的平台，红包赞助商、春晚社交媒体平台等身份的争夺，逐渐成为互联网巨头们的“修罗场”。以至于每年争夺独家合作，都成了互联网行业里备受关注的大事。

（一）黄金五分钟

19:55～20:00，这是品牌商在大年三十晚上最不容错过的“黄金五分钟”。临近春晚开场，数亿人都在此时段里调台等待。在此时“露脸”获得亿级曝光，品牌要付出的价格自然也就更加昂贵。即便价格昂贵，“黄金五分钟”对众多品牌的吸引力依然极强。根据统计，每年在这一时段出现的品牌在 10～20 个。有些品牌广告出现仅仅几秒，广告词念得“烫嘴”；而有些则是专门为春晚打造，制作精美，气氛温情。品牌商不同规模的投入，由此也一目了然。

（二）天价零点报时

相比快速洗牌的硬广金主，零点报时的赞助商则显得更为稳定。当然，支撑这个独家冠名的品牌同样得是财力雄厚。数十载春秋，春晚中的广告有增有减，参与其中的品牌商也你来我往。这背后有时代变迁的历史缩影，也有众多行业历经发展的痕迹。

（三）消失的冠名和植入

众多品牌商在春晚里你来我往、火热布局，但广告终归是会影响内容观看体验，植入数量过多自然会引发观众的不满情绪。

2010 年，在魔术表演中，某品牌果汁十分抢镜。不仅一直摆在最显眼的位置，魔术师喝完一口还点出了品牌名。而小品里白酒的植入不仅台词生硬，连情节也不合逻辑，让观众们感到尴尬。也是在 2011 年，网友们对于春晚植入式广告的反感情绪达到了顶峰。在社交媒体上，众多网友的批评声不绝于耳，甚至有人戏称这“不是春晚植入广告，而是广告中插播春晚”。虽然也有一小部分人对此表示理解，但批评还是占据了主流。为了“平息众怒”，也综合考虑到春晚的民俗性质，央视开始思考广告与晚会内容如何平衡的问题。2011 年起，央视春晚宣布放弃植入式广告。

（四）加入春晚的互联网企业

快速崛起的互联网公司在近几年纷纷加入了与春晚合作的大军中，而互联网公司开发出的春晚发红包也作为一种新玩法逐渐流行起来。虽然这也是种品牌营销和软植入，但观众参与有钱拿的结果，显然更能俘获大众的芳心，接受度也更高。

无论是在黄金五分钟里“露脸”，还是天价抢下冠名、发数十亿红包，争夺春晚的品牌绝非是“单纯钱多”。作为一年一度国民级别的庆典晚会 IP，春晚的曝光度、国民覆盖度绝非其他内容营销形式所能企及。即便是营销费用水涨船高，只要春晚在大年三十必定开播，未来春晚还会是“兵家必争之地”。

（资料来源：https://www.sohu.com/a/450857546_250147，有改动。）

六、测定广告效果

企业在实施广告促销决策之后，会产生一定的广告效果。在一个完整的广告投放阶段过后应对效果进行基本评价。广告效果主要表现在三个方面：一是广告的销售效果；二是广告的认知效果；三是广告的综合效果。

（一）广告销售效果的测定

1. 销售额衡量法

销售额衡量法就是实际调查广告活动前后的销售情况，以事前与事后的销售额之差作为衡量广告效果的指数。

（1）销售量增加比率。其用公式表示为

$$R=(S_2-S_1)/P\times 100\%$$

式中，R 为销量增加比率；S_2 为本期广告实施后的平均销量；S_1 为本期广告实施前的平均销量；P 为广告费。R 越大，广告效果越好；R 越小，广告效果越差。

这种方法简单易行，但是如何除去广告效果以外的其他因素致使销售额增加的部分却是个难题。为了弥补这种方法的缺陷，在实际销售效果测定中往往参照广告费比率和广告效果比率进行综合测定。

（2）广告费比率。其用公式表示为

$$\mathrm{AC}=P/S\times 100\%$$

式中，AC 为广告费比率；P 为广告费；S 为销量。AC 越小，广告效果越好；AC 越大，广告效果越差。

（3）广告效果比率。其用公式表示为

$$\mathrm{AE}=\Delta S/\Delta P\times 100\%$$

式中，AE 为广告效果比率；ΔS 为广告产品销量增加量；ΔP 为广告费用增加量。AE 越大，广告效果越好；AE 越小，广告效果越差。

2. 小组比较法

小组比较法是将同性质的被检测者分为三组，其中两组分别看两种不同的广告，另外一组未看广告，然后比较看过广告的两组效果之差，并与未看过广告的一组加以比较。通常将检测的数字结果用频数分配技术来计算广告效果指数。

（二）广告认知效果的测定

广告认知效果测定的目的在于分析广告活动是否达到预期的信息沟通效果。测定广告认知效果主要有如下指标：

（1）接触率。接触率是指在广告媒体的受众之中，有多大比例的人已接触到该广告。

（2）注目率。注目率是指在看过该广告的人之中，有多大比例的人能够辨认出先前已看过这一广告。

(3) 阅读率。阅读率是指在充分看过该广告的人之中，有多大比例的人不仅知道该商品和该企业，还能够借由该广告中企业的名称或商标而认得该广告的标题或插图。

(4) 好感率。好感率是指在看过该广告的人之中，有多大比例的人对企业及其商品产生了好感。

(5) 知名率。知名率是指在看过该广告的人之中，有多大比例的人了解企业及其产品。知名率的考察往往是通过广告前后的对比来进行的。若企业的知名率大为提高，则说明企业的广告效果十分理想。

(6) 综合评分。综合评分是指由目标消费者的一组固定样本或广告专家来评价广告，并填写评分卷。评分卷中会依广告的注意强度、阅毕强度、认知强度、情绪强度等内容分别给出一定分数，所有分数汇总便得到综合评分。通常综合评分以百分制计，分数越高，则表明广告的诉求认知效果越好。

(三) 广告综合效果的测定

1. 广告的综合经济效益测定

影响广告经济效益的因素有很多，若单纯考虑一两个基本因素，则只能近似描述分析广告的效益，所以还应对广告进行综合经济效益分析。广告的综合经济效益通常根据同类广告的大致情况，使用百分法来确定影响广告各个因素的满意度值，然后给广告打分，最后进行加权平均计算而获得。

2. 广告的社会效益测定

广告的社会效益主要通过对广告活动所引起的对社会文化、教育等多方面的作用综合测定而得出。

任务四　开展销售促进

一、销售促进的定义

销售促进又称营业推广，是指在短期内刺激消费者、分销商迅速和大量的购买某种产品或服务的各种促销活动。销售促进在鼓励试用、改变购买习惯、刺激购买数量、刺激潜在需求、吸引中间商、推广新产品、宣传附送品、防范竞争者、巩固品牌形象等方面具有独特的功效。

销售促进多用于一定时期、一定任务的短期特别推销，其着眼点往往在于解决一些更为具体的促销问题，短期效益比较明显。

二、销售促进的方式

（一）以消费者为对象的促销方式

以消费者为对象的促销方式包括样品、优惠券、现金折扣（折让）、赠奖（礼物）、竞赛（包括竞赛、抽奖和游戏）、惠顾回报、免费试用、产品保证、连带促销，以及购买现场陈列商品和示范表演等一系列方式。这类促销活动的对象是消费者，也是最终购买者，因此是最直接的促销方式，使用频率非常高。企业使用这种方式可以留住老顾客、吸引新顾客，以及动员顾客购买新产品或更新设备，引导顾客改变购买行为习惯，或培养顾客对本企业的偏爱等。

口香糖的推销

口香糖是美国人里力的杰作，刚出现时销售情况并不理想。经过调查，里力发现购买者大多是儿童，于是他决定以儿童作为推销的突破点。

里力按照电话簿上刊载的地址，给每户家庭免费送上4块口香糖，一口气送了150万户。孩子们吃完后吵着还想吃，家长们只得再买，口香糖的销路由此打开。不久，里力又想出一个新点子——回收口香糖纸，即顾客送回一定数量的糖纸，就可得到一块新的口香糖。孩子们为了多得糖纸，就动员大人们也嚼口香糖。没过多久，口香糖就被嚼成了畅销世界的热门货。

（二）以中间商为对象的促销方式

面向中间商的促销方式是生产企业对中间商，或上一级中间商对下一级中间商的推广，其目的是促使中间商更加努力地推销自己的产品，改善与中间商的关系。以中间商为对象的促销方式包括批量折扣、现金折扣、购买折让、合作广告津贴、中间商销售竞赛、免费咨询服务、为中间商培训销售人员、展览会、联合促销等。这些措施能有效地协助中间商，加强与中间商的关系，使企业与中间商达到共存共荣的目的。

（三）以销售人员为对象的促销方式

以消费者为对象和以中间商为对象的营业推广方式都是企业针对外部开展的，而针对企业销售人员的营销推广方式是企业内部的促销行为，其目的是培养员工的意识，提高整体销售队伍的素质，实现企业的经营目标。

以销售人员为对象的促销方式主要有销售竞赛、红利提成、特别销售奖金、免费旅游奖励等。企业采用这些方式的目的是，鼓励销售人员积极销售新产品，积极开拓新市场；同时，也可用于对过时、积压和滞销商品的销售。

三、销售促进决策的内容

企业在运用销售促进的过程中，需要进行一系列的决策，其中主要包括确定销售促进目标，选择销售促进工具，制订销售促进方案，试验、实施和控制销售促进方案，以及评估销售促进效果。

（一）确定销售促进目标

一般来说，销售促进目标是从总的促销组合目标中引申出来的，而它在总体上又受企业市场营销总目标的制约，表现为这一总目标在促销策略方面的具体化。

企业应根据目标市场的特点和企业的整体策略来制定促销目标，使短期目标和长期目标的方向一致。在消费者方面，促销目标包括鼓励消费者更多的使用产品和促使其大量购买，争取让未使用者试用，吸引竞争者品牌的使用者等；在中间商方面，促销目标包括吸引中间商经营新的商品品目和维持较高水平的存货，鼓励中间商购买过季商品，建立中间商的品牌忠诚和获得进入新的销售网点的机会等。

（二）选择销售促进工具

销售促进工具是各种各样的，这些工具分别有各自的特点和适用范围。一个特定的销售促进目标可以采用多种销售促进工具来实现，所以应对多种销售促进工具进行比较选择和优化组合，以获得最优的促销效益。在选择销售促进工具时应主要考虑市场类型、销售促进目标、竞争情况、促销预算及每种销售促进工具的成本效益等因素。

（三）制订销售促进方案

企业的市场营销人员不仅要选择适当的营业推广方式，还要制订一个完整的营业推广促销方案，以便指导具体行动。营销推广的促销方案主要包括以下内容。

1. 刺激规模

刺激规模的大小必须结合目标市场的数量、规模及内在结构，并根据推广收入与刺激费用之间的效用关系来确定。

2. 激励对象

这种激励是面向目标市场的每个人还是某部分人？这种激励的控制范围有多大？哪类人是主攻目标？这些选择的正确与否会直接影响销售促进的最终效果。通常，某种赠品可能只送给那些寄回包装物的购买者；抽奖可能限定在某一范围内，而不允许企业员工的家属或一定年龄以下的人参加。

3. 推广期限

任何销售促进方式在实行时都必须规定一定的期限，不宜过长或过短。如果销售促进活动的期限过短，就可能使一些潜在客户错过机会而无法获得这项利益，他们可能无暇顾及或来不及重新购买该产品，从而使促销活动达不到预期的效果。如果持续时间过长，就又会导致开支过大和损失刺激购买的力量，并容易使企业的产品在客户心目中价值降低。具体的活动期限应综合考虑产品的特点、消费者的购买习惯、促销目标、竞争者策略及其他因素，依实际需求而定。

4. 分发途径

企业在选择分发途径时，既要考虑各种途径的传播范围，又要考虑成本。例如，优惠券可放在商品包装里分发，也可通过广告媒体分发或直接邮寄。

5. 推广时机

如果推广时机选择得好，就能起到事半功倍的效果；反之，则达不到促销效果。因此，企业应综合分析产品的生命周期、市场竞争态势及消费者的购买行为模式等，确定有利时机，推出并实施促销方案。

6. 推广总预算

确定营业推广总预算的方法有两种：一是先确定营业推广的方式，然后预计其总费用；二是在一定时期的促销总预算中拨出一定比例预算用于营业推广。在具体实践中，后者比较常用。

（四）试验、实施和控制销售促进方案

在实施营业推广方案之前，企业要在较小的市场范围内进行测试，或请消费者对几种不同的方案做出评价并从中选取最优者。测试的目的是确认所选的营业推广方式是否恰当、实施的效果如何。

在实施计划的制订及执行过程中，企业应有相应的监控机制作为保障，有专人负责控制事态的进展，一旦出现偏差或意外情况就应及时予以纠正和解决。

（五）评估销售促进效果

对销售促进结果的评价可以有多种方法：

（1）比较促销前后销售量的变化。这里分为促销开始前、促销期间和促销结束后三个阶段。通过对这三个阶段的比较，可以得出促销活动期间的效果，还可以用销售额与预设目标做对比进行评估。

（2）观察消费者对促销活动的反应或抽样调查一组消费者来评估营业推广活动效果。此处可以是定性评估，也可以是定量分析，如统计消费者对营业推广活动的记忆程度、消费者对产品的满意度、营业推广活动对消费者今后购买行为的影响等。

任务五 开展公共关系活动

公共关系活动又称公共宣传，其作为促销的重要手段之一，在树立企业形象、提高产品的知名度、刺激目标客户对企业产品的需求、增加销售等方面起着十分重要的作用。

一、公共关系的定义

公共关系是指企业在从事市场营销活动中正确处理企业与社会公众的关系，促进公众对企业的认识、理解及支持，以便树立良好的企业形象，从而进行的一系列信息传播、促进产品销售的活动。

公共关系着眼于企业的长远利益，目的是为企业营造对企业信任的公共环境，而不是为具体的企业产品或服务创造需求。因此，公共关系不以具体产品为导向，而是重点关注企业及其品牌的形象。

二、公共关系的活动方式

（一）宣传型公关

宣传型公关是企业利用报纸、杂志、广播、电视等各种宣传途径、宣传方式向社会传播企业相关信息，以形成有利的社会舆论，创造良好的活动气氛，提高企业知名度。这种方法影响大、效果好，是公共关系活动的重要方式之一。

（二）征询型公关

征询型公关是指企业通过开展各种咨询业务、设计调查问卷、进行民意测验、设立热线电话、聘请兼职信息人员、举办信息交流会等各种形式，吸引社会各界人士参与企业发展的讨论。这种方法既可以使企业了解社会各界对企业形象的认识程度，又可以使企业在征询过程中达到与社会各界密切联系、沟通信息的目的。

（三）交际型公关

交际型公关是指企业不借助其他媒介，而只在人际交往中开展公关活动，以达到建立良好关系的目的。例如，企业可以采用座谈会、招待会、茶话会、专访、慰问、节日祝贺等形式，为企业广结良缘。这种活动方式是一种有效的公关方式，可以使沟通进入情感阶段，具有直接性、灵活性、人情味等特点。

疫情期间的“阿里式抗疫”

2020年伊始，新冠肺炎疫情在全国暴发，举国上下进入最严峻的抗疫状态。2020年2月初的凌晨1点半，阿里团队程序员提交了健康码的第一行代码。十天后，健康码在全国几百个城市推广，传遍了大街小巷。半年后，健康码引擎的第一行代码正式被中国国家博物馆收藏，代码下面，还有各位阿里程序员的签名。而这，也是中国国家博物馆首次将代码纳入收藏品行列。从最初的扫码填报，到支付宝客户端自行申请、自动生成，而后在疫情防控下半场通过对感染风险的识别和区分管理，发挥了关键性支持作用。健康码是数字化能力在紧急应用场景下的体现，构筑了防疫抗疫的一道有效防线。

从未来时空回望，国博收藏的不只是几行代码，更是一段中国人民刻骨铭心的生活历程、家国记忆。家国一体、上下呼应，在这场抗疫行动中，中国始终将保障人民生命健康视为重中之重。在无数次配合查验健康码的自觉行动中，每一位公民为守护社会活动的健康安全付出努力，表达了对国家、对社会、对他人的赤诚与信任，成为举国同心、共克时艰这一动人时代画卷中的厚重笔墨。中国秉承的人民至上、生命至上的人权价值理念，也将得到永恒的感怀。

从全球视角观察，国博收藏的不只是几行代码，更让人类看到了数字化的无限可能。健康码通过数据技术，实现疫情精准防控，助推中国经济社会重现活力，数字化帮助人类更加精准地发挥、拓展潜能。数字化技术应用落地，推动中国产业实现智能化升级。拥有最活跃数字化投资与创业生态系统的中国，不仅是世界数字经济的引领者，也是分享者，正在为提振全球经济注入新动能。

（资料来源：https://baijiahao. baidu. com/s? id＝1676806261099775534&wfr＝spider&for＝pc，有改动。）

（四）服务型公关

服务型公关是指企业向社会公众提供各种附加服务和优质服务的公共关系活动。例如，通过消费咨询、免费维修等形式，使社会有关人员获得服务性的实惠，增强社会各界对企业信誉的深刻体验。这种活动方式的目的在于以实际行动提高公众满意度，从而实现企业形象的提升。

（五）赞助型公关

企业可以通过赞助，如赞助体育、文化教育、社会福利等社会公益事业，参与国家、社区的重大社会活动等形式，充分表达企业对社会的一份责任和一片爱心，提高企业的社会影响力。这种活动方式具有公益性、文化性的特征，影响力很大，但成本较高。

三、公共关系活动的过程

（一）市场调查研究

市场调查研究是做好公关工作的基础。企业公关工作为了做到有的放矢，应先了解与企业实施政策有关的公众意见和反映。公关既要把企业领导层的意图告诉公众，也要把公众的意见和要求反映到领导层。因此，公关部门必须收集、整理、提供信息交流所必需的各种材料。

（二）确定公关目标

企业首先应在调查分析的基础上明确问题的重要性和紧迫性，然后根据企业总目标的要求和各方面的情况确定具体的公关目标。一般来说，企业公关的直接目标是促成企业与公众的相互理解，影响和改变公众的态度和行为，建立良好的企业形象。具体地说，公关目标是通过企业传播信息，强化或转变公众态度。另外，必须注意的是，不同企业或企业在不同的发展时期，其公关的具体目标是不同的。

（三）信息交流

公关工作是以有说服力的传播去影响公众，因而公众工作过程也是信息交流的过程。企业面对广大的社会公众，与小规模生产条件下简单的人际关系大相径庭。因此企业必须学会运用大众传播媒介及其他交流信息的方式，只有这样才能达到良好的公关效果。

（四）公关效果评估

企业应对公关活动是否实现了既定目标进行评价，为今后公关工作提供资料和经验，为企业领导层提供咨询。公关工作的成效可从定性和定量两方面评价。定性评价主要是分析由公共关系活动而引起的公众对产品的知名度、理解程度、态度等方面的变化。定量评价主要是计算传媒宣传次数、销售额和利润的变化等。

核心职业能力训练

一、实训目标

1. 能够根据产品特性合理设计人员推销方案。
2. 克服胆怯、不善沟通的情况，有效地进行社交公关活动，并达成销售目标。

二、实训设计

1. 教师指定销售产品。
2. 班级分成4～6个小组，每个小组6～8人；学生分组设计推销方案。
3. 在指定时间及范围内进行销售。

三、实训方法

项目驱动法、示范法、讨论法、实际演练法。

四、实训准备

1. 学习场地与设施:多媒体教室。
2. 教师准备:案例、工作纸、考核标准、课后练习与实践任务等材料。
3. 学生准备:复习相关知识,提前上网查好相关资料。

五、实训过程

在指定时间及范围内进行现场人员推销,销售盈利最多的小组胜出。

六、实训评估

(一)学生自评

1. 本组有没有做好产品推销准备。
2. 本组设计的推销方案是否适合背景产品。
3. 各项目组总结本组组员表现和得失以及经验教训。
4. 在推销过程中遇到何种问题,是否及时进行整改。

(二)综合评估

1. 教师对各小组的表现进行评价打分。
2. 小组互评。
3. 各小组组长对组内成员的表现进行打分。
4. 教师点评和总结相应的知识点。

思考与练习

一 选择题

扫码即可进行在线测试。

二 简答题

1. 选择促销组合的因素有哪些?
2. 促销的基本方式有哪些?
3. 人员推销的方法有哪些?
4. 人员推销的策略有哪几种?

5. 如何选择广告媒体？
6. 什么是销售促进？销售促进的方式有哪些？
7. 公共关系活动的方式有哪些？

三 案例分析

扫码阅读案例，完成下面的讨论题。

讨论题

海澜之家采用了哪些营销方式？这些营销方式有哪些特点？

附　录

普通高等学校对口招收中等职业学校毕业生模拟考试
市场营销类基础课试题卷(见二维码)

参考文献

[1] 张润琴.市场营销基础[M].北京:高等教育出版社,2017.

[2] 于家臻.市场营销基础[M].4版.北京:电子工业出版社,2017.

[3] 丁汀,刘少林.市场营销实务[M].北京:科学出版社,2021.

[4] 高技师,邹涛,史豪慧.市场营销实务[M].青岛:中国海洋大学出版社,2021.

[5] 吴敏敏.市场营销实务[M].长春:东北师范大学出版社,2021.

[6] 赵海霞.市场营销实务[M].北京:国家开放大学出版社,2019.

[7] 李东进,秦勇.市场营销:理论、工具与方法:微课版[M].北京:人民邮电出版社,2021.

[8] 席佳蓓,顾颖菁.市场营销[M].南京:东南大学出版社,2021.

[9] 周君,王烨烨,高国生.市场营销[M].西安:西北工业大学出版社,2020.